DIE SPRACHE
DES BLICKES

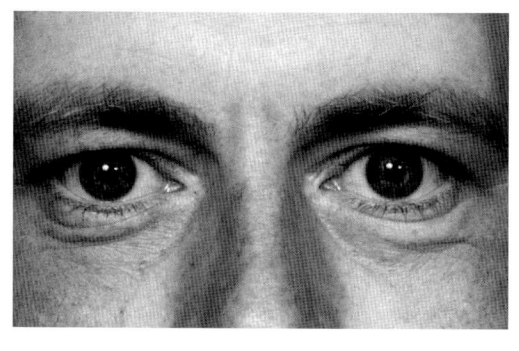

EINE
MENSCHENKUNDLICHE
BETRACHTUNG

DIETER SCHULZ

Fotos:
Martin Maier (Fotodesigner-FH)
Michael Schulz
Zeichnungen:
Mischa Pitskhelauri

Inhalt

Einleitung	3
Die Wesensanteile des Blickes	3
Johann Caspar Lavaters „Physiognomische Fragmente"	12
Das sehende und das „sprechende" Auge Anatomische und menschenkundliche Aspekte zum Blick	14
Der Sehsinn und seine Beziehung zum Tast-, Lebens-, Eigenbewegungs- und Gleichgewichtssinn	17
Die Entwicklung der Sprache und die Entfaltung des Blickes	19
Blick und Mimik	21
Die Begegnung im Blick	27
Blick und Intuition	32
„In den Augen liegt das Herz"	37
Die Aussagekraft des Blickes und seine Aktivierung in der heilpädagogischen Arbeit	37
Franziska - Der leere Blick -	38
Justus - Der verschwommene Blick -	41
Roberto - Der widersprüchliche Blick -	42
Stefanie - Mangelndes Weltverständnis -	44
Jan - Unsicherheit im räumlichen Sehen -	46
Menschen, die blind sind	47
Der Böse Blick	49
Der Blick in der Literatur	51
Das Auge in Mythologie, Märchen und Religion	53
Das Firmament	60
Der Blick in der Kunst	62
Aus – Blick	67
Medizinischer Exkurs	68
Danksagung	70
Literatur	70

Einleitung

*Ein freundlicher Blick durchdringt die
Düsternis wie ein Sonnenstrahl*
Albert Schweitzer

Dieses Buch wendet sich an Menschen in pädagogisch - therapeutischen Berufen und an alle, die sich für das Phänomen des Blickes und seine Sprache interessieren. Die Idee zu diesem Buch entstand während der Begegnung mit einem kleinen Jungen, der mir in meiner heilpädagogischen Praxis zur diagnostischen „Abklärung" vorgestellt wurde. Durch ihn lernte ich, der starken Aussagekraft des Blickes eines Menschen Vertrauen zu schenken.

Gelingt es, den Blick eines Kindes innerlich völlig ruhig und ihm ganz zugewandt, aufzunehmen, dann kann ein merkwürdiger Widerspruch entstehen. Einerseits wird der aktuelle, vielleicht durch Tests untermauerte und definierte, im Hinblick auf das Alter des Kindes, relativ schwache Entwicklungszustand festgestellt, und andererseits sagt der oft erstaunlich klare und helle und die Präsenz der Persönlichkeit aufzeigende Blick des Kindes etwas ganz Anderes aus.

Ich möchte an dieser Stelle versuchen, einiges über die Aussagekraft des Blickes in Worte zu kleiden. Ich sage „*einiges*", weil ich den Blick des Menschen als so besonders und wunderbar empfinde, dass ich ihn unter den Aspekten meiner Erfahrung betrachten, ihn aber in seiner ganzen Tiefe und Bedeutung bei Weitem nicht umfassend ergründen kann.

Meine *Betrachtung des Blickes* will keine Typologie, kein Schema und keine Lehre mit wissenschaftlichem Anspruch veranlagen, sondern dazu anregen, auf die eigene „innere Stimme" bei Blickbegegnungen achtsam zu werden.

Ihre Struktur beruht auf drei Abschnitten.
Zuerst werden allgemeine und menschenkundliche Gesichtspunkte der Anthroposophie Rudolf Steiners dargestellt, insofern sie zum Verständnis für das Wesen des Blickes notwendig sind. Dazu gehören auch medizinisch-physiologische Hinweise, bei denen mir Dr. Michael Steinkes Arbeit über den Sehsinn (s. Literaturhinweise) eine wichtige Hilfe war.

Im zweiten Abschnitt steht die Begegnung von Mensch zu Mensch im Vordergrund.
Heilpädagogische und therapeutische Themen, Fallbeschreibungen und ein Kapitel, das die Blindheit zum Thema hat, runden diesen Teil ab.
Im dritten Abschnitt werden Aspekte zum Blick aus den Bereichen der Magie, Mythologie, Religion, Literatur, Kunst und der Märchen dargestellt.

Die Wesensanteile des Blickes

*In den Augen liegt das Herz –
ein Lied von Franz von Kobell:
Die Sprache der Augen*

Der Blick beinhaltet sowohl den aktiven Anteil des Sehvorganges als auch die Ausdrucksmöglichkeiten der seelisch – geistigen Verfassung des Menschen. Ist der Mensch gestorben, spricht man vom „gebrochenen Blick".
Eine Voraussetzung, den Blick eines anderen Menschen oder auch eines Tieres wahrnehmen zu können, sind Augen, die sehen können. Menschen, die blind sind, können mit dem Sinnesorgan Auge nicht in die Welt hineinblicken, entwickeln jedoch anstelle dessen in viel höherem Maße andere Sinne und Wahrnehmungsmöglichkeiten als sehende Menschen. Darauf werde ich später genauer eingehen.

Etymologisch stammt der Begriff „Blick" von dem althochdeutschen Wort „*blic*" ab, was soviel bedeutet wie „Glänzender Strahl". Das Wort „Blitz" steht in Wortverwandtschaft mit „blic". Damit ist bildhaft schon etwas angedeutet von der starken Aussagekraft und Wirkung des Blickes. Der Blick verrät über den Menschen nur dann etwas, wenn er wach ist. Dabei lassen sich verschiedene Grade von Wachheit bzw. Bewusstsein unterscheiden.

Wir kennen den hellwachen, klaren Blick, der interessiert in die Welt hinausgeht. Davon können wir den eher teilnahmslosen, desinteressierten Blick unterscheiden und weiter den müden Blick, der besonders deutlich wird, wenn die fixierende Blickrichtung sich dadurch auflöst, dass ein Auge „kippt", d.h., sich nicht mehr richtig in der Sehachse befindet. Es rutscht aus seiner gewohnten Stellung heraus. Ist hier die Rede von Bewusstsein, so kann der Begriff „Bewusstsein" auch als „geistige Präsenz" des Menschen verstanden werden.

Im Schlaf sind die Augen geschlossen, und der Blick in die Außenwelt schweigt oder ruht. Manchmal kann man auch schlafende Menschen sehen, deren Augen nicht ganz geschlossen sind. In diesem Zustand kann man aber eigentlich nicht von Blick reden.

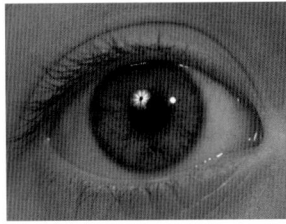

Abb. 1

Es entsteht vielmehr der Eindruck, als wenn das physische, lebendige Auge für sich allein ist, sein Bewohner aber, der sonst in verschiedenster Weise und unterschiedlichen Graden des Wachzustandes den Blick in die Welt richtet, ist nicht anwesend. Es gibt aber auch andere Gründe dafür, dass das Auge geschlossen gehalten wird. Vielleicht möchte man in einem Film eine schreckliche Szene nicht anschauen oder man schützt sich vor grellem Licht.

Die Dominanz des Sehens wird auch durch das Schließen der Augen zurückgedrängt, wenn z.B. der Weinkenner die „Blume" des Weines im Glas durch sein Riechen erkunden möchte, oder wenn der Genießer sich beim Essen zurücklehnt und betont, wie gut es ihm schmecke. Offensichtlich gelingt so die Konzentration auf den Geruchs- und Geschmackssinn besser, und der Genuss kann gesteigert wahrgenommen werden.

Lässt man jedoch die Augen offen und schaut auf eine festlich gedeckte Tafel mit dampfenden Schüsseln und kunstvoll verzierten Platten mit den verschiedensten Speisen darauf, so kann man von einem „*Augenschmaus*" sprechen. In engem Zusammenhang damit steht die „*Augenweide*".

Die deutsche Sprache kennt im **Hinblick** auf das Auge und das Sehen viele schöpferische, ausdrucksstarke und treffende Begriffe oder Redewendungen. Eine kleine Auswahl soll das verdeutlichen.

Unternimmt jemand eine Wanderung, so lässt er seinen **Blick in die Ferne schweifen**.

Wir wissen sofort, was gemeint ist, wenn von der **Liebe auf den ersten Blick** gesprochen wird.

Den geliebten Menschen wollen wir dann nicht mehr **aus den Augen verlieren**.

Der **Augenzeuge** hat vor Gericht eine wesentliche Bedeutung.

Augenscheinlich ist alles, was mit den Augen wahrgenommen werden kann.

Und für einen geübten Zimmermann reicht das **Augenmaß** aus, um einen geeigneten Balken für eine Bausituation auszuwählen.

Der Blick offenbart die unterschiedlichen Stufen der Anwesenheit des Bewusstseins einer Persönlichkeit und die Fülle ihrer emotionaler Befindlichkeiten. Vielfältige Eigenschaften werden ihm zuerkannt.

Man kann zwischen einem **warmen** und einem **kalten Blick**. unterscheiden.

Ein Mensch schaut vielleicht freundlich in die Welt hinein, aber auch die Fähigkeit, etwas mit einem **eisigen Blick** zu fixieren, ist ihm zu eigen.

Der **abschätzige** oder **überlegene Blick** macht den, dem diese Blicke gelten, betroffen oder gar wütend.

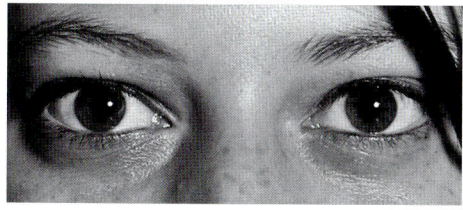

Abb. 2

Man sagt, dass die Augen die Fenster zur Seele seien.

Abb. 3

Während der Meditation wird der Blick nach innen gewendet

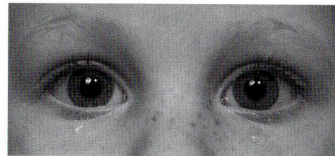

Abb. 4

Bei einem Kind erlebt man vor allem den unschuldigen und offenen Blick

Die Eigenschaft der Milde offenbart sich im Blick, wie auch die Gefühle von Zuneigung, Heimtücke und Hass.

Der **schmachtende Blick** hat seine ganz eigene Sprache.

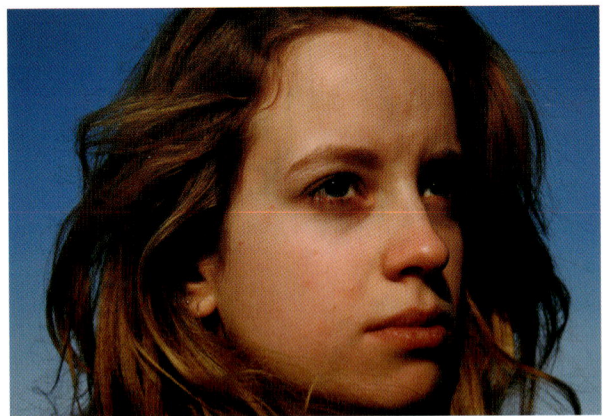

Abb. 5

Der traurige oder betrübt scheinende Blick bewirkt Zuneigung und Mitleid

Abb. 7

Der schelmische Blick des „Hans von Kuony zu Stockach" trägt Humor in sich.

Dagegen ruft der **abschätzige, grausame, stechende** und **bohrende Blick** Abneigung und Angst beim Mitmenschen hervor.

Ein **funkelnder, glänzender, blitzender Ausdruck** der Augen wirkt faszinierend

Gier und **Lüsternheit** können sich durch die Augen verraten.

Die Neugierde hat ihren ganz eigenen **„vorwitzigen"** Ausdruck im Blick.

Der **„unruhige, suchende und unstete Blick"** steht im Gegensatz zu dem Blick, der Ruhe, Festigkeit und Sicherheit vermittelt.

Der **„verklärte Blick"** kann während eines besonders angenehmen Erlebnisses oder auch noch danach erscheinen.

Man spricht vom **„verstohlenen" Blick**, wenn jemand heimlich eine Situation beobachtet und dabei nicht entdeckt werden möchte.

Jemand **„schult seinen Blick"** und findet dann schneller vierblättrige Kleeblätter.

Abb. 6

Der treuherzige Blick weckt Sympathien

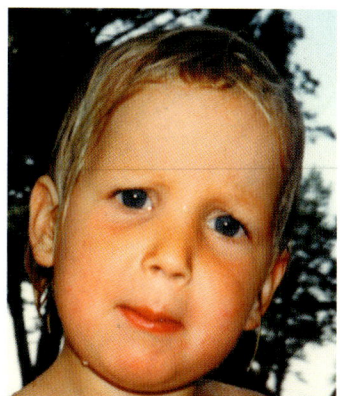

Abb. 8

Abb. 9

Ein „kritischer Blick" kann den Angeschauten verunsichern

Ein **„starrer Blick"** wirkt beunruhigend oder unheimlich auf die Anderen, weil die beseelte Bewegung fehlt, und im **„leeren Blick"** begegnet man nicht der Persönlichkeit.

Der **„bannende Blick"** entsteht durch die ununterbrochene Fixation der Augen auf einen Punkt. Das Besondere an ihm ist vermutlich der fehlende Lidschlag. Ein Lidschlag schwächt oder unterbricht die als „bannend" empfundene Kraft.

Man sagt: **„Wenn Blicke töten könnten"**, um den Eindruck eines besonders bösen oder aggressiven Blickes zu betonen.

Wenn ich **„über den Tellerrand hinausblicke"**, erweitert sich mein Horizont.

Ein **„Blickfang"**, z.B. in einem Möbelhaus, **„sticht ins Auge"** und es erhöht sich die Chance, dass der auffällig ausgestellte Schrank gekauft wird.

Erst wenn man in die Akte **„Einblick nehmen"** kann, ist die Kenntnis der Sachlage gewährleistet.

Weit auseinander liegende Augen gehören zum Bild des sog. „Kindchenschemas", das beim Betrachter Fürsorgeverhalten auslöst und durch seine Niedlichkeit das Kaufverhalten beeinflusst.

Ich lasse meinen **„Blick schweifen"**, wenn ich eine Landschaft betrachte.

Ein Arzt **„wirft den Blick"** auf die Wunde eines Patienten und weiß, was zu tun ist.

Mein **„Blick fällt"**, vielleicht auf dem Flohmarkt, auf eine schöne, alte Uhr.

Wenn der **„Blick ruht"**, auf einer Wiese oder auf einem See, so ist das erholsam.

Der **„prüfende Blick"** dient der Beurteilung einer Situation.

Dazu nimmt man unter Umständen auch verschiedene **„Blickwinkel"** ein, das kann jedoch etwas länger als nur einen **„Augenblick"** dauern.

Steht ein Mensch mit einem schlechten Gewissen einem anderen gegenüber, getraut er sich nicht, diesem **„unter die Augen zu treten"**.

Damit steht **„der tiefe Blick"** im Zusammenhang, den man einem Menschen zuwirft.

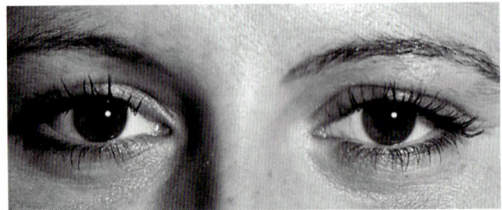

Abb. 10

Wenn man „jemandem schöne Augen macht", so möchte man gefallen und Kontakt aufnehmen

Auf der vitalen oder energetischen Ebene spricht man bei gesunden Menschen von lebendigen, strahlenden und glänzenden Eigenschaften des Auges.

Der Blick ist **glasig** bei hohem Fieber, und er kann dann auch „flackern".

Das tut er auch bei starker seelischer Erregung oder bei eingeschränktem Bewusstsein. Er ist **trübe** bei Erschöpfung und manchmal auch bei Menschen in hohem Alter.

Ein **hohler** Blick begegnet uns bei fiebernden, ausgezehrten, kraftlosen, schwer kranken oder dem Tode nahe stehenden Menschen.

Weiter spricht man von **müden, matten, stumpfen** und **verschleierten Augen.**

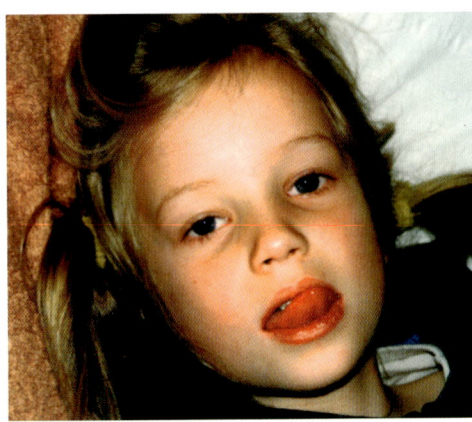

Abb.11 *Siebenjähriges Mädchen mit Meningitis und hohem Fieber*

Fasse ich das Gesagte zusammen, so unterscheide ich darin vier Wesensanteile des Blickes. Da dies für den diagnostischen Aspekt des Blickes eine Hilfe ist, möchte ich die Wesensanteile oder Wesensglieder aus anthroposophischem Verständnis kurz beschreiben.

Der erste Wesensanteil bezieht sich auf das körperlich wahrnehmbare Auge, seine Anatomie und Physiologie und damit auf alles, was medizinisch und wissenschaftlich untersucht werden kann.

Das rein physische Auge kann dem Element Erde bzw. dem Mineralreich zugeordnet werden, das in seinen einzelnen Bestandteilen analysierbar ist. Dies gilt für den gesamten physischen Leib des Menschen

Der zweite Anteil umfasst die vitale, energetische Ebene des Auges. Solange der Mensch lebt, wird sein physischer Leib und damit auch das Auge von einem Lebens- oder Ätherleib (**1**) durchzogen. Dieser Ätherleib ist rein übersinnlicher Natur und maßgeblich beteiligt am Aufbau und an der Erhaltung der Organe. Sein Element ist das Wasser.

Der dritte Anteil beinhaltet das emotionale Leben oder den Astralleib. Er beseelt den lebendigen Leib, ermöglicht Bewusstsein und Bewegung und ist der Träger der Triebe und Leidenschaften. Das ihm zugeordnete Element ist die Luft.

Durch das Ich, den vierten Anteil, ist jeder Mensch eine einzigartige Individualität. Das Tier hat die zuvor beschriebenen Wesensglieder, aber kein Ich. Das Ich ist dem Element Feuer verwandt und durchdringt den ganzen Menschen. Es offenbart sich durch seinen Willenscharakter in der gesamten Bewegungsgestalt, im aufrechten Gang, in der Sprache, im Denken und, wie ich zeigen möchte, im Blick.

Diese vier Wesensanteile greifen ineinander, wobei das Ich und die Seele in enger Verbundenheit das Physisch - Ätherische des Menschen im Wachzustand durchdringen, sich im Schlaf jedoch von ihm lösen.

Mit dem Tod findet eine endgültige Trennung des Ichs und der Seele vom Leib statt (**2**). Etwa drei Tage nach Eintritt des Todes hat sich das ätherische oder vitale Prinzip ebenfalls völlig vom Leib getrennt und löst sich auf, so wie schließlich auch der Leib der Erde wieder eingegliedert wird.

Diese Hinweise bilden nun die Grundlage für die weiteren Betrachtungen über den Blick.

Vor gut hundert Jahren veröffentlichte die Leipziger Illustrierte einen Artikel zum Thema „Blick".

Mit theatralischen Mitteln wurde versucht, das jeweils Charakteristische des Blicks zum Ausdruck zu bringen, wobei durchaus Spielraum für individuelle Interpretationen besteht.

Abb. 12 a-j

10

Johann Caspar Lavaters „Physiognomische Fragmente"

Ich kann den Blick nicht von euch wenden,
ich muss euch anschau`n immerdar.

Freiligrath, Die Auswanderer (1832)

Der Pfarrer und Physiognomie - Forscher Johann Caspar Lavater (1741 – 1801) veröffentlichte 1775 seinen ersten Band „Physiognomische Fragmente zur Beförderung der Menschenkenntnis und Menschenliebe", in dem er auch das Auge interpretiert.

In einem Aufsatz „Spiegel der Seele" schreibt Emil Utitz Mitte der zwanziger Jahre des vorigen Jahrhunderts, dass Goethe von dieser Studie Lavaters sehr beeindruckt war, da er hier einen Weg sah, „vom Sinnlichen zum Inneren des Menschen vorzudringen, ja im Sinnlichen dieses zu erfassen." (3)

Dem damaligen Zeitgeist entsprechend, beschreibt Lavater, was er phänomenologisch wahrnimmt. Seine daraus folgenden, urteilenden und wertenden Interpretationen und einige seiner Formulierungen wie „furiose Weiberliebe" sollten im Hinblick auf fast zweihundert Jahre Zeit- und Bewusstseinsunterschied mit Nachsicht zur Kenntnis genommen werden. Verwendet man die Interpretationen als Möglichkeit, Fragen zu formulieren, gerät man nicht in Gefahr, ein kausales, schematisches und urteilendes Denken zu entwickeln, das der Individualität nicht gerecht werden kann.

Auch wenn Lavaters Schlüsse, die er aus seinen Beobachtungen zieht, heute als zu urteilend und wertend erlebt werden, können sie doch als Anregung aufgefasst werden. Seine Aussagen sind so interessant und originell, dass ich einige von ihnen hier gerne zitieren möchte.

XXII AUGEN

„Kleine, schwarze, hellfunkelnde Augen – unter starken, schwarzen Augenbrauen – tiefliegend, bey spöttischem Lächeln; sind selten ohne Schlauheit, Tiefblick, Feinanstelligkeit;- sind sie ohne spöttischen Mund, so sind sie tiefsinnig, kalt, geschmackvoll, elegant, genau – und – mehr zum Geiz, als zur Generosität geneigt."

XXV AUGEN

Augen mit langen, spitzen, besonders horizontalen Winkeln – das ist, solchen, die nicht abwärts gehen – mit dickhäutigen Deckeln, welche den Augapfel halb zu bedecken scheinen, sind sanguinisch genialisch.

XXVI AUGEN

Augen, die groß, offen, helldurchsichtig, unter parallelen, scharf gezeichneten Oberaugenlidern schnell-beweglich funkeln, - haben sicherlich allemal fünf Eigenschaften –

Schnellen Scharfblick,

Eleganz und Geschmack,

Stolz und Furiose Weiberliebe.

XXVII AUGEN

Augen mit schwachen, schmalen, kahlen Augbrauen, und sehr langen, hohlen Wimpern, zeigen – theils schwächliche Leibs-Disposition, theils phlegmatisch-melancholische Geistesschwäche.

XXVIII AUGEN

Ruhend-kräftige, schnell-treffende, sanft durchdringende, wolkigt-serene (heiter), schmachtende, schmelzende, langsam sich bewegende Augen; Augen, die hören, indem sie sehen, geniessen, schlürfen, ihren Gegenstand gleichsam mit sich selbst tingieren und kolorieren, ein Medium des wollüstigsten und geistigen Genusses sind nie sehr rund, nie ganz offen, nie tiefliegend, oder weit hervorstehend, nie stumpfwinklicht, oder abwärts spitzwinklicht.

XXIX AUGEN

Tiefliegende, kleine, scharf-gezeichnete, glanzlose, blaue Augen unter einer beinernen, beynahe perpendikularen (senkrechte) Stirn, die unten sich etwas tief einsenkt, obenher merklich vorwärts rundet – sind zwar nur an scharfsinnigen und klugen, doch meistentheils stolzen, argwöhnischen, harten und kaltherzigen Charaktern wahrzunehmen.

Emil Utitz schreibt zu Lavaters Studien:

„*Physiognomik bedeutet ihm die Fertigkeit, durch das Äußerliche eines Menschen sein Inneres zu erkennen. Auch der schlechteste Beobachter seines eigenen oder anderer Angesichter vermag nicht zu leugnen, dass jeder Empfindungszustand, jeder Gedanke der Seele auf dem Antlitz sich abzeichnet. Unähnliche Zustände der Seele haben nicht ähnliche Ausdrücke des Gesichts und ähnliche Zustände nicht unähnliche Ausdrücke. Wir würden heute wohl diesen sehr bequemen Grundsatz nicht unterschreiben; aber Lavater braucht ihn, weil seiner Meinung nach die Möglichkeit der Physiognomik von ihm abhängt.*

Ja, er greift noch zu anderen Voraussetzungen: wenn schon in der Leibnizschen Philosophie gelehrt wurde, dass kein Ding dem anderen gleicht, und dass alles individuell sei, geht Lavater weiter: ihm zufolge müssen alle diese Verschiedenheiten sinnlich sich manifestieren."

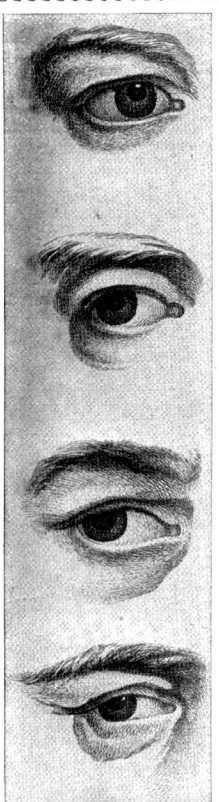  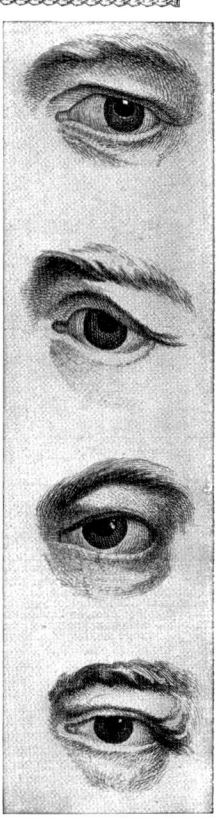

Abb. 13

1925 wurde diese Hypothese über die Augen von Künstlern in einer monatlich erscheinenden Unterhaltungszeitschrift veröffentlicht.

XVII. Fragment: „Physiognomische Übungen zur Prüfung des physiognomischen Genies": Augen von Künstlern, die darin übereinkommen, daß das obere Augenlid mehr oder weniger unter den Augenknochen eingeschoben ist und daß die Augenbrauen stark behaart sind

Das sehende und das „sprechende" Auge

Eine edle Himmelsgabe ist das Licht des Auges.
Friedrich Schiller

So wie der Mensch einerseits hören und andererseits sprechen kann, so ist das Auge als einzelnes Sinnesorgan in der Lage, dem aufnahmefähigen Menschen die sichtbare Welt zu vermitteln und andererseits selbst „sprechend" zu werden.

Das Besondere dabei ist, dass beim Sprechen und Hören verschiedene Organe beteiligt sind, das Auge aber die Fähigkeiten der Aufnahme von Sinneseindrücken und „ein Spiegel der Seele" zu sein, in sich vereinigt.

Das Auge ist ein kugeliges Gebilde, daher der Begriff Augapfel. Es liegt geschützt und geborgen in der knöchernen Augenhöhle und hat als weitere Schutzorgane die Augenbrauen und Augenlider mit den Wimperhaaren, die das Auge schließen können. Der Augapfel bekommt seine Beweglichkeit durch jeweils sechs Muskeln. Sie ermöglichen dem Auge optimale Bewegungsfreiheit.

Das Auge kann in kürzester Zeit einen Punkt in der Nähe oder Ferne (bis etwa 60 Meter Entfernung werden Objekte scharf wahrgenommen) fixieren. Die Fähigkeit, Raumtiefe und Raumesdimensionen sehend wahrnehmen zu können, verdanken wir dem koordinierten Zusammenwirken beider Augen. Diese Koordinationsleistung nehmen wir genau wahr, wenn uns jemand in die Augen schaut. Geringste Abweichungen dieses Zusammenwirkens im Blick des anderen Menschen fallen sofort auf. Die Koordination des Blicks setzt voraus, dass sich der Mensch im klaren Tagesbewusstsein befindet.

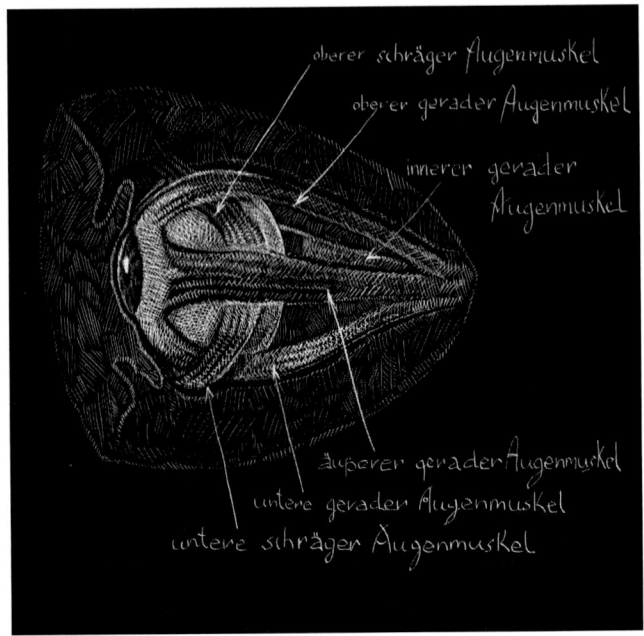

Das Zusammenwirken der Augen hat seine Grundlage in der Aktivität des Ichs. Verschiedene Einflüsse, wie durch Drogen oder Alkohol, verhindern diese Ich-Präsenz im Blick. Das Auge wirkt dann wie „verschwommen", und die Fixation durch den Blick gelingt nicht mehr eindeutig. Man denke an den Betrunkenen, der vergeblich versucht, den Schlüssel ins Schlüsselloch zu stecken. Aber auch Inkarnationsstörungen, die verschiedenste Ursachen haben, sowie Müdigkeit oder nachlassende Konzentration, können Koordinationsirritationen des Blickes zur Folge haben.

Das Auge besteht aus dem mit einer durchsichtigen, gallertartigen Masse gefüllten Glaskörper. Er ist von drei Häuten umgeben, der Netzhaut, der Aderhaut und der Lederhaut. Die Netzhaut oder Retina enthält die lichtempfindlichen Stäbchen (Photorezeptoren), die farbenempfindlichen Zapfen und ein Netzwerk von Nervenzellen.

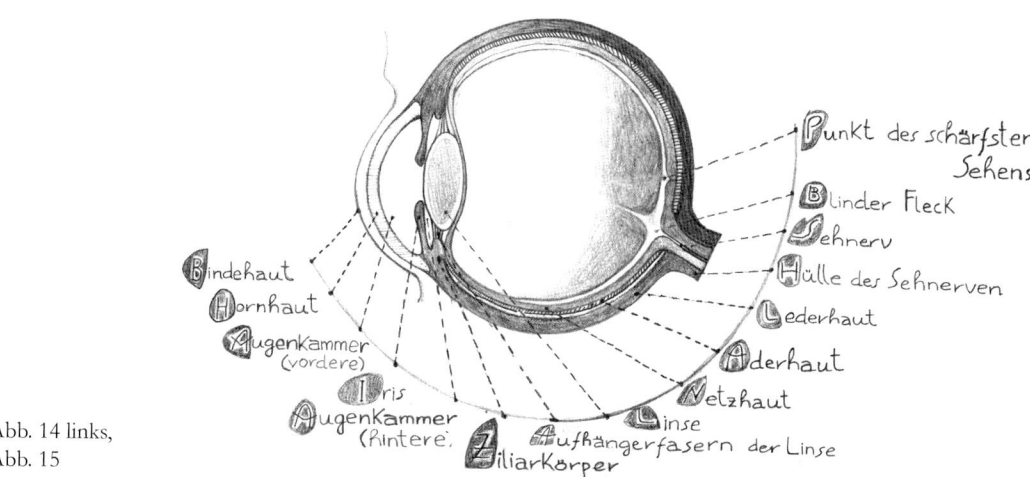

Abb. 14 links,
Abb. 15

Sie beeinflusst die Verbesserung des Bildkontrastes und die Farb-, Licht- und Formwahrnehmung.

Das Netzwerk der Retina, das den Augapfel umgibt, hat seinen Ursprung in den Fasern des Sehnervs und bildet mit diesem einen Teil des Gehirns. Die Aderhaut ist sehr gefäßreich und ernährt den Augapfel. Sie bildet nach vorne die ringförmige Regenbogenhaut oder Iris, (Iris ist die griechische Göttin des Regenbogens).

Je nach Dichte und Anordnung ihrer Farbpigmente erscheint sie blau, grün, grau oder braun. In der Mitte der Iris befindet sich die Pupille. Diese kann von der Regenbogenhaut mit Hilfe von Muskeln vergrößert oder verkleinert werden und damit den Lichteinfall ins Auge dosieren. Auch seelische Einflüsse führen zu einer Verengung oder Erweiterung der Pupillen. Man spricht vom „stechenden" Blick, wenn die Pupillen auffallend klein sind und der Blick über längere Zeit sich auf einen Menschen richtet. Früher nahmen Frauen Belladonnatropfen, um die Pupillen künstlich zu erweitern, was die Schönheit der Augen und damit deren Attraktivität steigern sollte.

Norbert Glas versucht in seinem Buch über das Antlitz des Menschen (**4**) das Phänomen des glänzenden Auges zu erklären. Zuerst beschreibt er den Glanz vor dem Weißen der Augen, der Sklera.

Im Gegensatz zu dem eher hart und kühl wirkenden Glanz einer vom Licht beschienenen Metallplatte oder einer Kristallfläche verliert beim Auge der Glanz an Schärfe, weil es mit einem feinen Feuchtigkeitsfilm überzogen ist. *„Mit der Feuchte verliert sich die Härte, das Licht scheint lebendig zu werden."*

Und etwas später sagt er: *„Die Verbindung mit dem wässrigen Element weist immer auf etwas, was dem bewegten Leben angehört. Dies gibt auch diesem Glanz seinen ganz bestimmten Charakter, weshalb man ihn am besten als den belebten Augenglanz bezeichnet; denn er bietet, richtig beobachtet, wirklich ein Bild der Lebenskräfte des Menschen.*

In einer mehr allgemeinen Weise kann einem dieses stärkere oder schwächere Glänzen über dem Weiß der Sklera mitteilen, wie er sich in seiner Körperlichkeit empfindet …"

Dann beschreibt N. Glas eine zweite Qualität von Augenglanz:

"Zunächst wird da hinter der feucht schimmernden Cornea die Farbe der Iris oder Regenbogenhaut sichtbar. Die Verbindung des Scheines mit dem dahinter liegenden Farbenspiel der Iris verleiht nun dem Auge einen Glanz, der am besten als beseelt bezeichnet werden darf. Denn es ist wirklich die Seelenstimmung, die wir fortwährend aus der Gegend der Regenbogenhaut herausleuchten sehen. Das Eigentümliche der Seelenstimmung ist noch die ständige Bewegung."

Schließlich spricht er in Bezug auf die Pupille von einem dritten Glanzphänomen des Auges.
"Aus der Pupille blickt der Mensch wirklich aus sich heraus. Aus ihr begegnet uns erst wirklich der Blick eines Menschen. Das drückt aber nichts anderes aus, als dass wir dadurch in Berührung kommen mit der eigentlichen geistigen Wesenheit einer Person, mit ihrer Individualität. Daher ist es auch ganz berechtigt, diesen Glanz als den geistigen zu bezeichnen."

Als dritte Haut umschließt und schützt die weiß gefärbte Lederhaut (Sklera) den Augapfel. Sie besteht aus einem festen Gewebe und geht vorne in die gefäßlose Hornhaut (Cornea) über. Die Hornhaut wird vor der Linse uhrglasförmig und durchsichtig. Benita Quadflieg von Vegesack (**5**) weist in diesem Zusammenhang auf ein Zitat Rudolf Steiners hin:

"Hier wirkt die Natur des äußeren Lichtes und bewirkt jene Umwandlung, die Flüssigkeit und Linse hervorbringt. Auf das reagiert das Wesen von innen und schiebt ihm ein Lebendigeres, Vitaleres entgegen, den Glaskörper. Gerade im Auge treffen sich die Bildungen, die von außen angeregt werden und diejenigen, die von innen aus angeregt werden, in einer ganz merkwürdigen Weise."

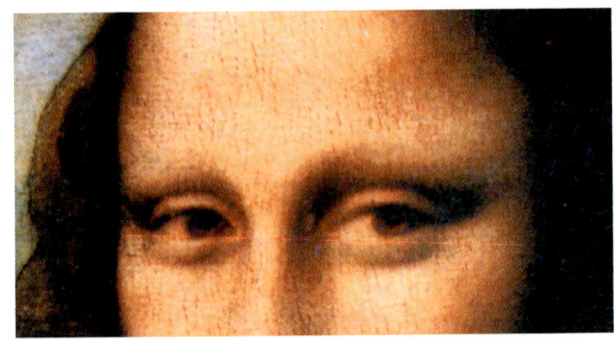

B. Quadflieg von Vegesack ergänzt zu diesem Zitat:

"Wenn man das so auffassen kann, wird die Wirkung des Lichts und der Farben sowohl auf das Gemüt als auch auf den Ätherleib des Menschen verständlich. Sie ist mehr als nur eine Stimulation, sie bedeutet tatsächlich kosmische Nahrung für Seele und Lebenskräfte. Man denke an Sonnenauf- und Untergang, an den gestirnten Himmel, an Erscheinungen des Nordlichts oder auch des Regenbogens, an ein Meer von Obstblüten - an alle Farbenwunder, einschließlich der durch die Malkunst erlebbaren, die den Menschen ergötzen können. Wie beschwingt, wie gesundheitlich gestärkt kann man sich doch durch solche Eindrücke fühlen, und wie lange können solche inneren Bilder in der Erinnerung haften bleiben, unter Umständen ein Leben lang."

Die Linse bewirkt, dass wir scharf sehen können. Der Ziliarkörper (Strahlenkörper) ermöglicht durch das Zusammenziehen seiner Muskulatur die Nahanpassung des Auges (Akkomodation). Bei der Entspannung des Ziliarmuskels flacht sich die Linse ab und ermöglicht dem Auge, sich auf die Weitsichtigkeit einzustellen. Mit zunehmendem Alter nimmt die Elastizität der Linse und somit die Fähigkeit der Nah- und Fernsicht ab, was den Blick maßgeblich beeinflusst.

Abb. 16: Der rätselhafte Blick der Mona Lisa (oben rechts), Detail Mona Lisa, Leonardo da Vinci, 1506, Louvre, Paris

Der Sehsinn und seine Beziehungen zum Tast-, Lebens-, Eigenbewegungs- und Gleichgewichtssinn

Augen sind nie satt.   *Bantu Weisheit*

Auf die Frage: „Wache ich oder träume ich?" bekommt man die sicherste Antwort dadurch, dass man dasjenige, was man sieht, anfasst, also über den Tastsinn erkundet. Erlebt man dann den gewohnten Widerstand am Objekt, so ist das ein untrügliches Zeichen von Wachbewusstsein. Das Betasten des Objektes geschieht aber nicht nur dadurch, dass die Hand still darauf gelegt wird, sondern es kommen Bewegungen dazu, die dem Tastsinn helfen, uns schließlich eine differenzierte Auskunft über den Gegenstand zu geben.

Durch den Sehsinn, der auf das vor und außer uns liegende Umfeld gerichtet ist, können wir mit dem Blick in die Ferne schweifen, unser Bewusstsein peripher ausbreiten, „etwas ins Auge fassen" oder „einen Blick auf etwas werfen", d.h. einen Gegenstand bewusst fixieren. „Ins Auge fassen" beinhaltet, dass man etwas anfasst. Ich fasse also etwas mit dem Auge an, ich betaste es gewissermaßen.

Anders gesagt, wenn ich etwas anschaue, greife ich auf der Grundlage des Sehsinns mit meiner Seele durch das Auge hinaus in die Welt, nehme das Gesehene wahr, und wenn die Wahrnehmung durch die Beteiligung des Ich eine bewusste war, integriere ich sie als erinnerbare Wahrnehmung. Unbewusst Gesehenes kann willentlich nicht erinnert werden. Nicht nur bei der Frage, ob man wache oder träume, braucht man zusätzlich zum Sehsinn manchmal die Hilfe anderer Sinne, um zu einer Erkenntnis des Gesehenen zu gelangen.

Mit einer persönlichen Erfahrung möchte ich dieses Phänomen veranschaulichen. Im Rahmen einer Kunstausstellung kam ich in einen Saal. Dort lagen große Gegenstände im Raum verteilt, die ich auf den ersten Blick sogleich für Felsbrocken hielt. Jedoch machte mich die Annahme, diese Gegenstände seien Felsbrocken, sogleich stutzig, denn es war mir nicht nachvollziehbar, wie diese großen Steine in den Saal hätten transportiert werden können.

Abb. 17
Augenbewegung beim Anblick der Mona Lisa

Also tastete ich einen solchen Felsen ab und klopfte an ihm. Er fühlte sich gar nicht „steinig" an, sondern eher nach Kunststoff, und außerdem klang er hohl. Die Brocken waren also keine Felsen und mussten im Saal hergestellt worden sein. Ich war um eine Illusion ärmer geworden. Um zu dieser Erkenntnis zu gelangen, war das Zusammenwirken von Seh-, Bewegungs-, Tast- und Hörsinn nötig.

Wenn man wie hier, mit dem Auge, die Formen der vermeintlichen Felsbrocken erfasst, wirken Seh- und Bewegungssinn eng zusammen.

Wenn er die Form eines Gegenstandes, die Inhalte eines Gemäldes oder einer Landschaft erfasst, vollzieht der Mensch mit den Augen feinste differenzierte Bewegungen. Der intakte Bewegungssinn bildet die Voraussetzung, dass im Zusammenwirken mit dem Sehsinn überhaupt Formen erkannt werden können. K. König beschreibt dieses Zusammenwirken so:

(6) *„Tatsächlich ist das Auge ein Sammler. Es ist ein sammelndes Organ für die vier unteren Sinne, für den Tastsinn, den Lebenssinn, den Bewegungssinn, den Gleichgewichtssinn, und für das, was diese unteren Sinne erfahren und uns als Empfindungen aus dem Leib zuführen. So hat der Bewegungssinn seine Funktion im Augapfel. Wenn das innere Auge das Licht reflektiert und die Form aller Dinge ergreift, wirkt darin der Tastsinn. Wenn uns die Linse durch Kontraktion und Ausweitung die räumlichen Beziehungen und Proportionen vermittelt, ist der Gleichgewichtssinn tätig.*

Die vier unteren Sinne werden im Auge zusammengefasst; und was sonst die Erfahrung einer inneren, leiblichen Empfindung wäre, wird in die Umwelt projiziert, wobei sich aus Empfindungen Wahrnehmungen bilden; auf einmal erscheint das Sehen als ein integrierender Sinn, der uns die Umwelt offenbart." Die tastende Tätigkeit des Auges im Umfassen und Ergreifen der gesehenen Objekte wurde bereits beschrieben.

Der Lebenssinn wirkt nach meinem Verständnis im Auge so, dass der Wahrnehmungsakt, verbunden mit einem Wohlgefühl, ungestört vollzogen werden kann. Eine Erkrankung oder Missstimmung im Leib hat den Verlust des Wohlgefühls zur Folge, und das Sehen wird als anstrengend, unangenehm oder störend empfunden. Während eines Migräneanfalles verträgt man z. B. kein Licht.

In der buddhistischen Meditationspraxis wird darauf hingewiesen, dass man den Blick senken soll, wenn der Geist aufgewühlt ist, ihn aber nach oben richten soll, wenn man sich schläfrig oder benommen fühlt.
(Sogyal Rinpoche „Funken der Erleuchtung"
O.W. Barth Verlag 2001)

Der Bewegungssinn, der uns ständig Bewusstsein der von uns durchgeführten Bewegung vermittelt und sie dadurch situationsgemäß und sinnvoll werden lässt, ist besonders deutlich in den feinen, oft schnellen und differenzierten Bewegungsabläufen der Augen wahrnehmbar. Unterstützt wird die Sehbewegung von der Kopf- und Körperbewegung.

Der Gleichgewichtssinn kann in Zusammenhang mit der Linse gesehen werden. Ihre Funktion, das Sehen in die Nähe und in die Ferne zu regulieren, stützt sich auf einen stabilen Gleichgewichtssinn. Dieser hat nun die maßgebliche Aufgabe, dass wir als aufrecht im Raum stehende Menschen die Raumesdimensionen erfassen und uns in ihnen frei und sicher bewegen können.

Die vier unteren Sinne haben gemeinsam die Aufgabe, dass wir unseren Leib von innen her ergreifen und uns so mit ihm identifizieren können. Diese leibgebundenen Sinnesempfindungen erfahren im Auge eine Metamorphose. Der Sehsinn vermittelt die Vielzahl der visuellen Eindrücke, das Ich jedoch gestaltet und fasst durch seine Willensbetätigung die gesehenen Einzelheiten zu einem sinnvollen, nachvollziehbaren Gesamtbild zusammen. Ein einfaches Beispiel soll das veranschaulichen.
Ich stelle mir vor, ich käme in einem Kindergarten in einen Raum, in dem ein langer Tisch steht mit einigen Stühlen um ihn herum.

Auf dem Tisch liegen Scheren, verschieden farbige Papierbögen, Leimflaschen, Draht, Holzstecken, Teelichter, Transparentpapier, Büroklammern, Goldfolie, Bleistifte und Radiergummis. In Kürze werde ich zu dem Schluss kommen, dass hier offensichtlich eine Bastelarbeit vorbereitet wurde, genauer gesagt, Laternen hergestellt werden sollen. Das ist mit dem Begriff „Gesamtbild" gemeint.

Es gibt Menschen mit Entwicklungsstörungen oder Behinderungen, z. B. dem postencephalitischen Syndrom (Symptomenkomplex nach einer Entzündung des Gehirns), die nicht dazu in der Lage sind, dieses Gesamtbild herzustellen. Sie schaffen den Schritt nicht, eine Fülle von Einzelheiten einem Oberbegriff unterzuordnen. Sie bleiben in der Wahrnehmung der Einzelheiten „stecken" und gehen mit den Gegenständen nicht sinngemäß um. Man kann davon ausgehen, dass der Betreffende im unteren Sinnesbereich verhaftet bleibt und die Idee, die hinter dieser Tisch–Bastelsituation steht, gedanklich nicht begreift.

Der heilpädagogische Auftrag liegt nun darin, die basale Sinneserfahrung, also das Betasten, Bewegen und Umgehen mit den verschiedenen Gegenständen weiterzuführen in einen Erkenntnisprozess. Dann wird die Funktion des Holzsteckens, des Papiers oder der Schere nachvollziehbar und bekommt ihren Sinn.

Zum Schluss dieser Sinnesausführungen und vor weiteren Betrachtungen zum Blick möchte ich hervorheben, dass das Auge ein Organ ist, dessen die Individualität sich bedient. Der ganze Leib kann als Instrument gesehen werden, durch den der Mensch sich als seelisch-geistiges Wesen zum Ausdruck bringt. So wie der Blick erst durch die Anwesenheit der Persönlichkeit entsteht und spricht, wird das Auge auch erst durch eben diese Präsenz des Ich sehend.

Die Entwicklung der Sprache und die Entfaltung des Blickes

„Das Auge ist ein Herr, das Ohr ein Knecht."

Chapeau Rouge

Um einem Wesensverständnis des Blickes näher zu kommen, möchte ich die nonverbale Kommunikation der sprachlichen Kommunikation gegenüberstellen. Aus der Sinneslehre Rudolf Steiners wissen wir, dass die Sprachwahrnehmung und das aktive Sprechen an bestimmte Voraussetzungen gebunden sind. Ein kurzer Überblick über den Vorgang des Sprachgeschehens soll diese Voraussetzungen verdeutlichen.

Für die Aufnahme eines akustischen Eindrucks ist der Hörsinn notwendig. Durch ihn sind wir in der Lage, die hörbare Welt aus Tönen, Klängen, Geräuschen und Sprache wahrzunehmen. Um Sprache als Sprache identifizieren zu können und sie nicht gleichzusetzen mit den anderen Höreindrücken, braucht es den Sprach- oder Wortsinn. Dieser Sinn entwickelt sich aus dem Bewegungssinn heraus, wenn das Kind in die aufrechte Haltung kommt und seine Bewegung ausleben, aber auch bewusst zurück halten kann.

Der Sprachsinn beinhaltet aber nicht das Verständnis des gehörten Wortes. Höre ich eine Gruppe von Chinesen im Gespräch, so kann ich die chinesische Sprache als Sprache von allen anderen akustischen Eindrücken, die noch hörbar sind, unterscheiden. Ich verstehe aber nicht, worüber die Chinesen sich unterhalten. Das Kind vermag also zunächst lediglich, Sprache als Sprache zu erkennen und durch die Nachahmung lernt es, selbst zu sprechen. Erst beim Zuhören von Sprache und ihrem ständigen inneren Mitsprechen und Nachvollziehen kommt das Kind zu einem Verständnis des Gesprochenen.

Aus dem Sprechen entwickelt sich das Denken und die Fähigkeit, durch den Gedankensinn die Gedanken des anderen Menschen zu verstehen. Der Gedankensinn ist ganz auf den anderen Menschen ausgerichtet, und bezieht sich als reines Wahrnehmungsorgan nicht auf die Entwicklung der eigenen Gedanken. Wesentlich früher jedoch bildet das Kind bereits an dem höchsten Sinn, dem Ich-Wahrnehmungssinn. Durch diesen Sinn wird der Mensch fähig, einen anderen Menschen als eine in sich geschlossene Persönlichkeit oder Individualität zu erleben.

Wäre es nicht denkbar, dass auch der Blick als der Beziehungsvermittler ähnliche Voraussetzungen braucht, um sowohl verstanden als auch aktiv eingesetzt werden zu können? Wie für die Wahrnehmung der akustischen Welt der Hörsinn unabdingbar ist, so ist für das Erleben der optisch wahrnehmbaren Welt der Sehsinn notwendig.

Einem gesund entwickelten Kind steht der Sehsinn gleich nach der Geburt soweit zur Verfügung, dass es auf seiner Grundlage Blicke aussenden und empfangen kann. Was oben als Wortsinn beschrieben wurde, dem möchte ich für den Rahmen dieser Betrachtung den „Blick-Sinn" gegenüberstellen.

Wie gesagt, lässt der Wortsinn uns die Sprache als Sprache identifizieren. Durch den von mir hier so genannten „Blick-Sinn" vermag das Kind von Geburt an aus der Fülle von Seheindrücken den Blick der Mutter oder des Menschen, der für es da ist, als Blick zu erkennen. Dass dies nicht erst nach einer langen Entwicklungszeit, sondern von der ersten Stunde nach der Geburt an möglich ist, ist wie ein „Geschenk des Himmels". Wie kommt diese Fähigkeit so bald zustande, da die Identifikation des Wortes als Sinnesfähigkeit eine relativ lange Entwicklungsphase im Leib voraussetzt?

Was in der Sprache der Gedankensinn beinhaltet, dem möchte ich beim Sehen das „Blickverständnis" gegenüberstellen. Es beinhaltet aber, anders als beim Gedankensinn, ein unmittelbares Verstehen des Blickes auf einer rein seelischen Ebene, ohne Worte und Gedanken. Dieses seelische Blickverständnis setzt jedoch offensichtlich bestimmte Bedingungen voraus, die nicht selbstverständlich gegeben sind.

Zum Sehen geboren,
Zum Schauen bestellt,
Dem Turme geschworen,
Gefällt mir die Welt.
Ich blick´ in die Ferne,
Ich seh´ in der Näh´
Den Mond und die Sterne,
Den Wald und das Reh.
So seh´ ich in allen die ewige Zier,
Und wie mir´s gefallen,
Gefall´ ich auch mir.
Ihr glücklichen Augen,
Was je ihr gesehn,
Es sei, wie es wolle,
Es war doch so schön!

J. W. von Goethe

Michael Steinke (**7**) sagt in diesem Zusammenhang: *„Diese seelischen Äußerungen (des Auges, D.S.) sind motorische Betätigungen. Der wahrnehmende Mensch erlebt sie mit den motorischen Fähigkeiten des eigenen Auges. Es schwingt mit dem Auge des Gegenübers mit und ahmt dessen spezifische Bewegungen, das Augenspiel, nach. So erlebt er die Seele des anderen Menschen und die dahinter stehende Intention und bringt sie zu einem verstehenden Erlebnis."*

Was vorher als Ich-Sinn beschrieben wurde, findet in der Sphäre des Blickes noch ganz auf der Ebene des „Du" statt. Das Baby erlebt die Seele seiner Mutter direkt im Blick, in ihren Augen. Da erlebt es das „Du", von dem es beschützt, umsorgt, umhüllt wird. Diese „Du" Erfahrung bildet ab dem Moment der Geburt den Keim für die Ich-Sinn Entwicklung. Jedoch auch für das eigene Selbstbewusstsein wird hier bereits der Boden geschaffen, auf dem das Kind sich in der Reaktion der Mutter auf seinen Blick bestätigt und angenommen fühlt. Säuglinge, die diese seelische Umhüllung und Bestätigung aufgrund extremer Verwahrlosung entbehren, können schwere Schädigungen (Hospitalismus) in ihrer Entwicklung erleiden, die sie zeitlebens als Thema begleitet, oder aufgrund des Mangels an seelischer Zuwendung sogar sterben. Auf die Beziehungsgestaltung durch den Blick werde ich später noch einmal zu sprechen kommen.

Blick und Mimik

Botschaften werden vom Auge weitergegeben, manchmal ganz ohne Worte.

Anais Nin

Das Gesicht des Menschen bildet die physische Grundlage für sein individuelles, ganz persönliches Ausdrucksvermögen. Dieses Ausdrucksvermögen ist ohne eine willentliche Beeinflussung im Antlitz des Menschen gegeben, das sich im Laufe der Zeit bildet und verändert, jedoch unter Aufrechterhaltung einer unverkennbaren Grundstruktur. Das Antlitz erhält seine Prägung neben vererbten Einflüssen besonders durch die biografischen Erfahrungen, die der Mensch auf der körperlichen, seelischen und geistigen Ebene erlebt.

Das Antlitz kann im Zusammenhang mit den Zeitprozessen und damit auch im Verbund mit den sich immerzu verändernden ätherischen, also lebendig - energetischen Vorgängen gesehen werden. Das Ätherische, das in der ersten Lebenshälfte dem Antlitz seine Frische und Vitalität verleiht, zieht sich in der zweiten Lebenshälfte nach und nach zurück und lässt so den Alterungsprozess, der das Physische mit seiner Zerfallstendenz beinhaltet, immer mehr in den Vordergrund treten. Der Blick ist eingebettet in die Mimik, wie die Mimik Bestandteil des gesamten Bewegungsmenschen ist. Lässt man den Blick isoliert auf sich wirken, besteht die Gefahr seiner Fehlinterpretation viel mehr, als wenn der Blick als integrierter Bestandteil der Mimik und des ganzen Menschen wahrgenommen wird.

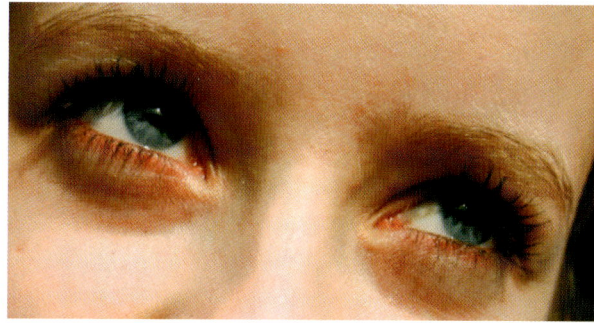

Abb. 18

Wie würden Sie diesen Blick interpretieren?

22

Hier ist die Antwort:

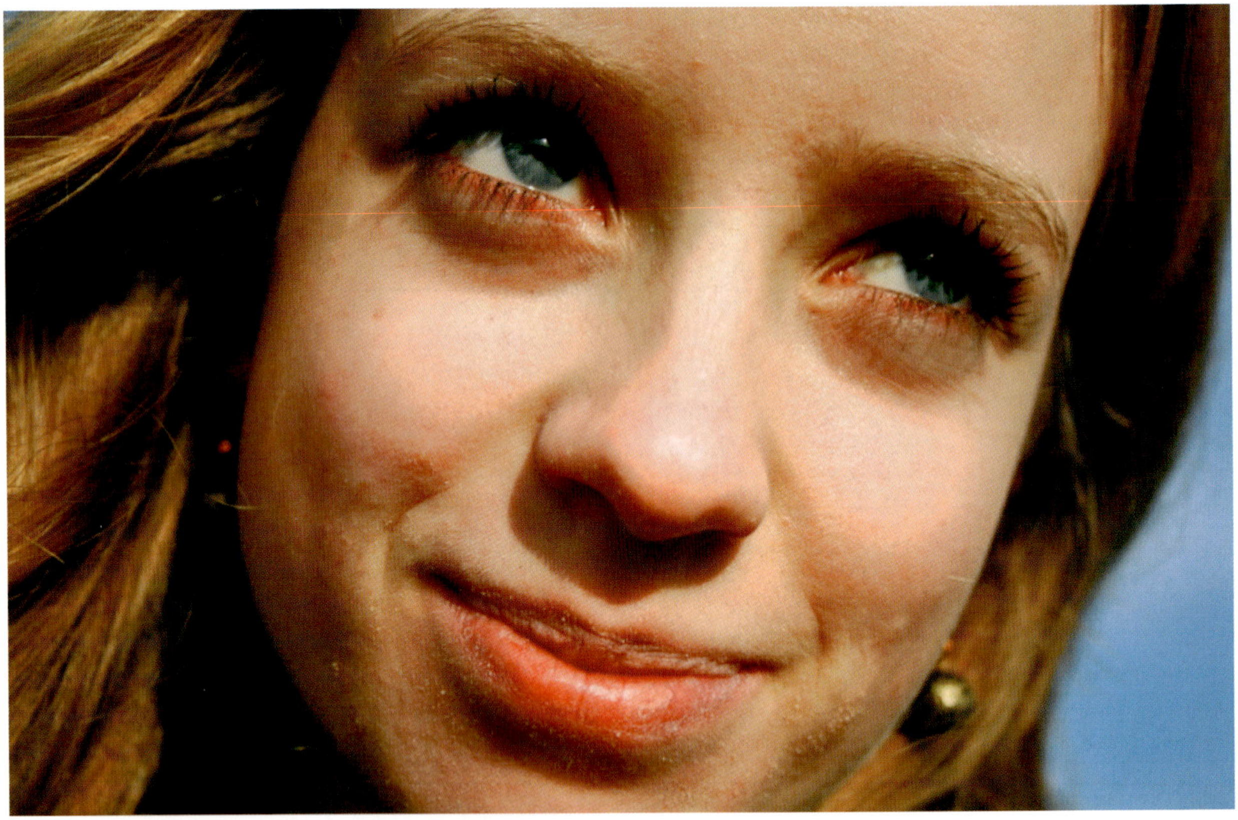

Abb. 19 a-e *Der Blick eines Menschen hat viele Facetten*

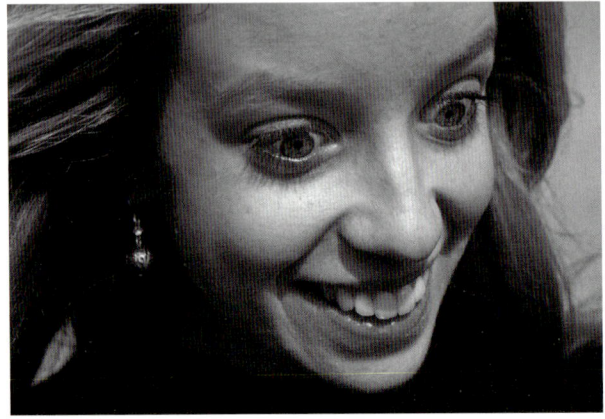

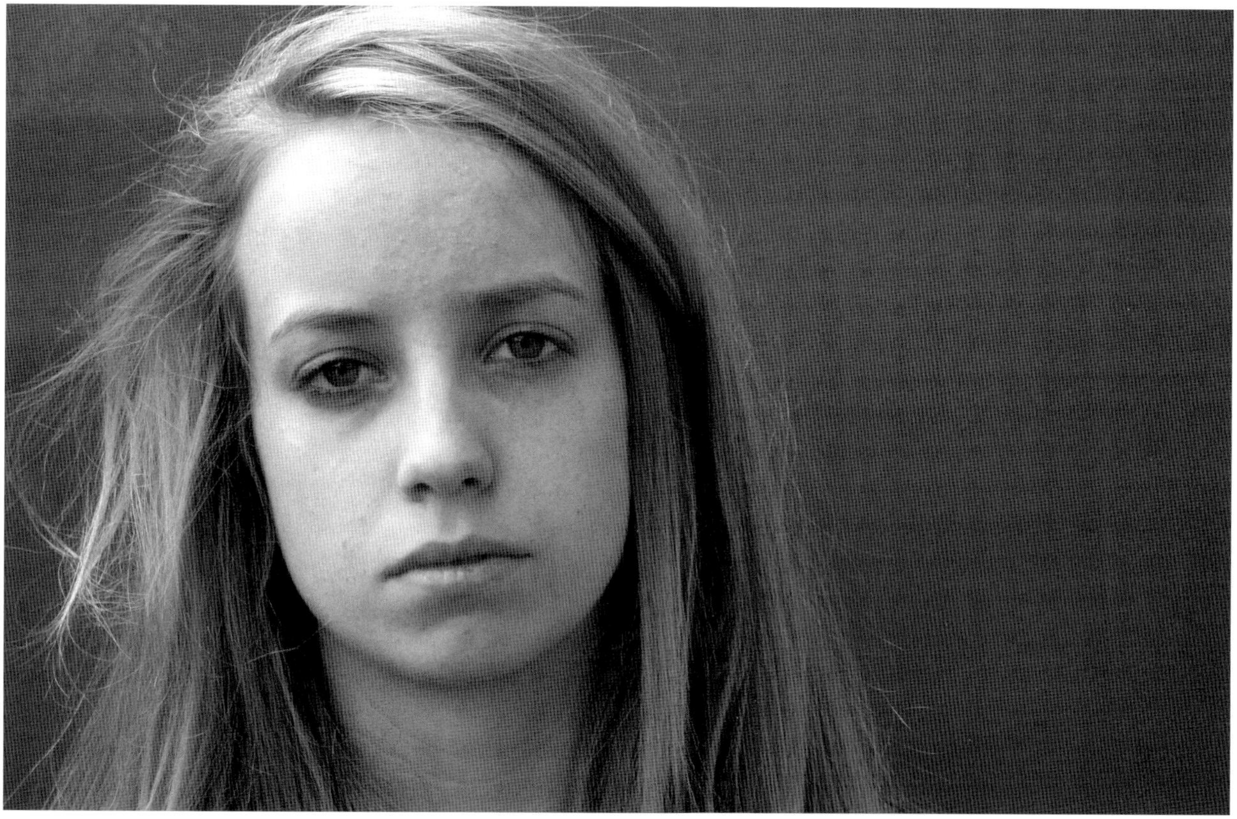

Blick und Mimik sind eine Einheit, deren Gesamtwahrnehmung in einem Verhältnis steht wie ein Wort zum ganzen Satz

Die Mimik repräsentiert besonders den seelischen Anteil im Antlitz des Menschen. Anatomisch ist erwähnenswert, dass siebzehn von zwanzig Gesichtsmuskeln der Ausdrucksfähigkeit der Mimik dienen. Körperhaltung und Gestik steigern sich zur Mimik, und diese wiederum findet in hochdifferenzierten, feinsten Augenbewegungen im Blick, wie als Konzentrat des Bewegungsmenschen, ihre Vollendung. Im Blick selbst liegt die Möglichkeit, dass der geistige Wesensanteil des Menschen, sein Ich, besonders und einzigartig zum Ausdruck kommen kann.

Redensarten sprechen von: „Ein Gesicht wie drei Tage Regenwetter", womit ein grimmiger Gesichtsausdruck gemeint ist.

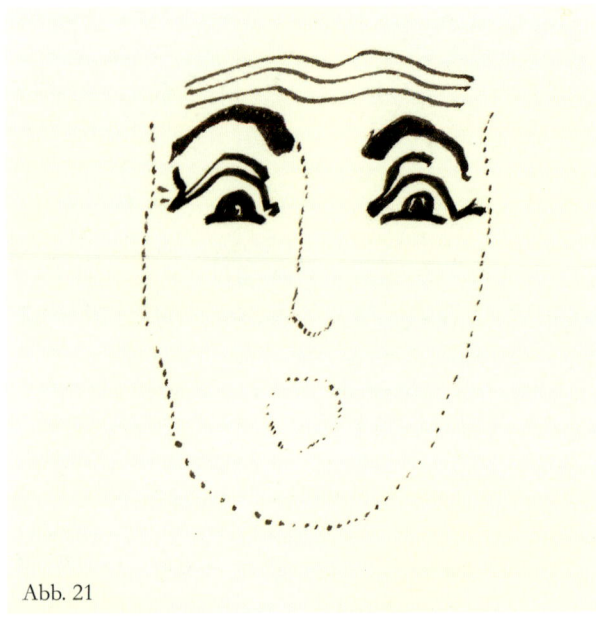

Abb. 21

„Mund und Nase aufreißen" – charakterisiert als Redewendung treffend das überraschte Hingegebensein an eine äußere Situation.

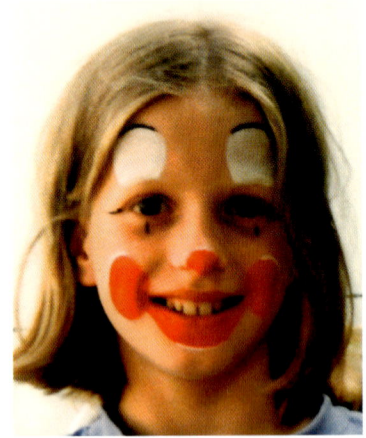

Abb. 20

Puppen, Masken und geschminkte Gesichter unterstreichen in ihrer einseitigen Betonung mimischer Elemente, wie die der Augenbrauen, bestimmte seelische Ausdrucksweisen

Es ist sinnvoll, zu unterscheiden, was das Leben im Gesicht als bleibende Spuren hinterlassen hat, wie Temperament, Umwelteinflüsse, Vererbung und Konstitution das Gesicht prägen, und was sich aktuell seelisch in der Mimik äußert. Was schließlich während des Sprechens in ständig sich verändernder Mimik das Gesagte unterstreicht und begleitet aber auch im Zuhören dem Sprechenden sein nonverbales Feedback gibt.

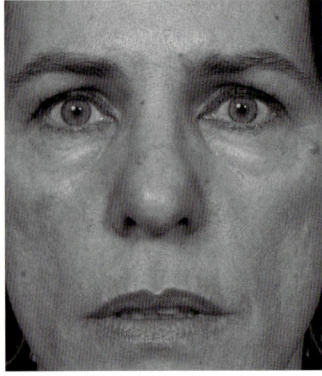

Abb. 22

„Ein langes Gesicht machen" - bedeutet, enttäuscht zu sein

„Wie aus dem Gesicht geschnitten" – meint eine große Ähnlichkeit zu einer anderen Person.

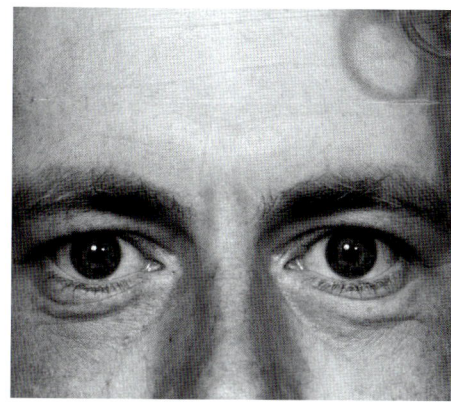

Abb. 23

Vater und Sohn

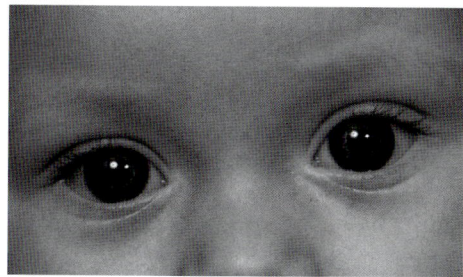

Abb. 25

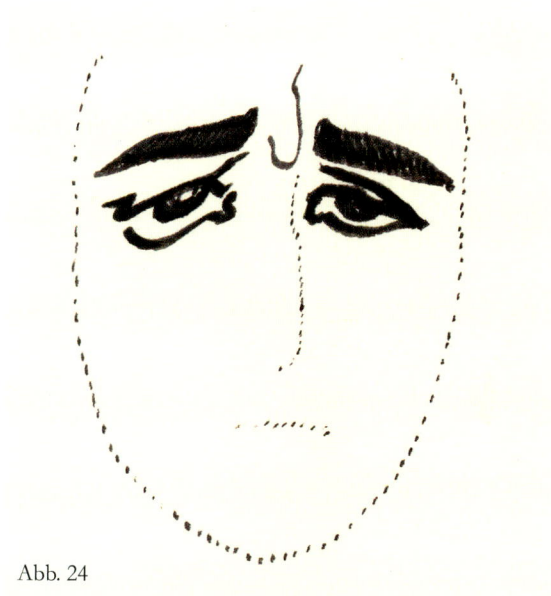

Abb. 24

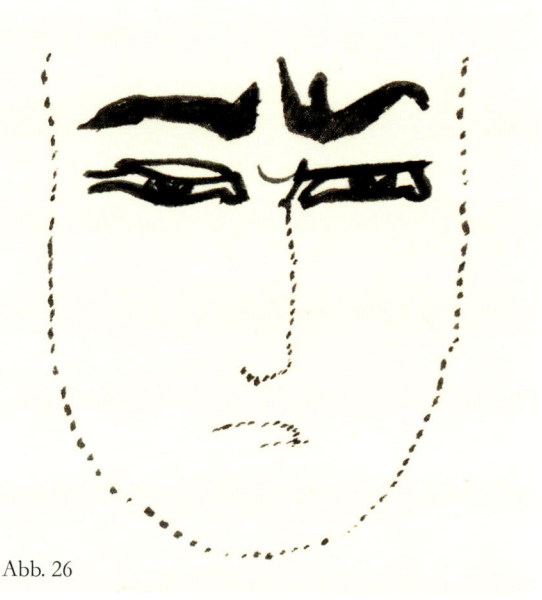

Abb. 26

Bestandteile der Mimik sind die Stirn, die gekräuselt oder in Falten gelegt werden kann, die Augenbrauen, die hoch- oder zusammengezogen werden können und sehr ausdrucksstark sind.

Nur die leichte Andeutung einer hochgezogenen Augenbraue, die einhergeht mit einer kaum merklichen Neigung des Kopfes nach vorne, reicht aus, um beeindruckend etwas in Frage zu stellen.

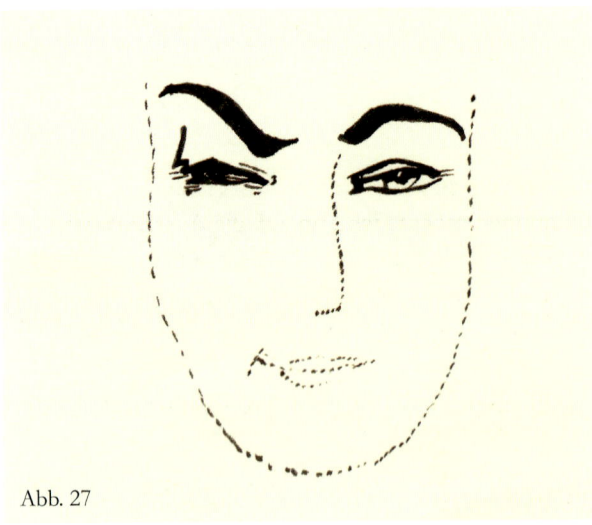

Abb. 27

Die Augenlider vermögen die Mimik durch Blinzeln, Zuzwinkern oder durch die Fähigkeit, das Auge von weit offen bis geschlossen zu halten, maßgeblich zu beeinflussen.

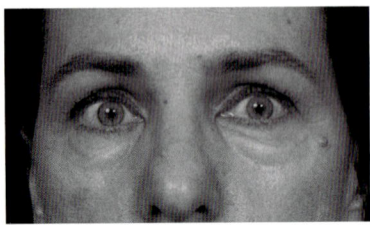

Abb. 28

Dann folgt die Nase, die man „rümpft", z.B. wenn etwas schlecht riecht, oder wenn man signalisieren möchte, dass man mit etwas nicht einverstanden ist.

Weiter gehört zur Mimik der Mund, der durch die Weite seiner Öffnung und besonders durch die Lippen auch ohne Worte „sprechend" wird. Wir kennen den „Schmollmund", der auf seelischen Rückzug, Enttäuschung oder Beleidigtsein hinweist.

Schmale, fest aufeinander gepresste Lippen können auf seelisch belastende Situationen wie Wut oder Ärger hinweisen. Nicht zuletzt lächeln oder lachen wir mit dem Mund, durch nach unten gezogene Lippen verrät man Enttäuschung, Trauer und Kummer.

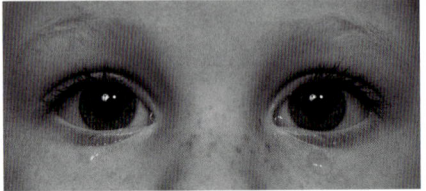

Abb. 29

Das Auge, das Tränen „vergießt", kann dafür ganz verschiedene Gründe haben, die sich im Zusammenhang mit der Mimik und schließlich auch der Körperhaltung offenbaren.

Auch die Wangen haben ihren Anteil am mimischen Ausdruck. Sie können gebläht werden, das geschieht zum Beispiel, wenn man zu ohnehin schon genügender Arbeit noch mehr aufgeladen bekommt. Dann ist es eine typische Reaktion, sie durch den Luftstrom zu blähen und die Luft auszustoßen, wobei andeutungsweise ein „P" hörbar wird. Schließlich möchte ich auch den Unterkiefer zur Beeinflussung der Mimik dazuzählen. Bei jeder Seelenregung steht kein Anteil der Mimik für sich allein

Argyle **(8)** erwähnt im Hinblick auf die Mimik, dass es nach wissenschaftlichen Untersuchungen im Wesentlichen folgende Gesichtsausdrücke für Gefühle gibt: Freude, Überraschung, Angst, Traurigkeit, Wut, Ekel, Abscheu und Interesse. Jeder Mensch hat seine eigene, unverwechselbare Mimik.

Dieser Persönlichkeits- oder Ich-Ausdruck weicht, z. B. bei Müdigkeit, zurück, aber auch dann, wenn der Mensch Alkohol oder Drogen konsumiert oder andere Gründe dazu führen, dass er nicht ganz bei sich ist. Mimik und Blick verlieren an Prägnanz und „verschwimmen". Langfristiger Drogenmissbrauch prägt sich bis zur Entstellung tief in das Gesicht ein.

Mit zunehmendem Alter bekommt das Gesicht seine individuelle Prägung, die damit zusammenhängt, dass sich das Ich im Laufe des Lebens in der Haltung, in der Bewegung, in der Sprache und in der Mimik als einzigartig offenbart

Natürlich spielen bei der Prägung des Gesichtes die bereits oben erwähnten Faktoren von Vererbung und Umwelteinflüssen eine große Rolle. (S. Abb. 30 und 31, Enkel und Großvater). Das Ich aber kann diese Faktoren, von Mensch zu Mensch verschieden stark, durchdringen und damit individualisieren.

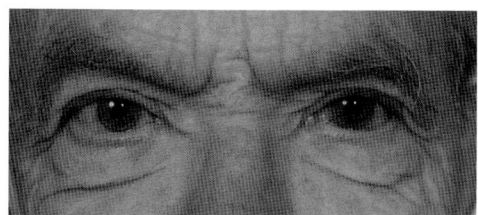

Abb. 30

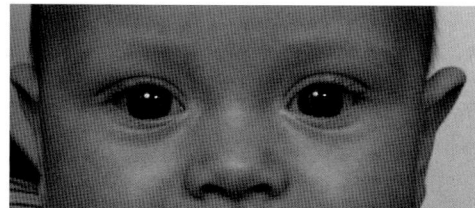

Abb. 31

Die Begegnung im Blick

Die Augen sind der Liebe Pforten

Deutsches Sprichwort

Anhand der Beschreibung von Begegnungssituationen möchte ich nun auf die Aussagekraft des Blickes aus verschiedenen Perspektiven heraus eingehen. Wie ich vorher schon bemerkte, ist es ein Phänomen, dass bereits ein neugeborenes Kind mit seinem Blick direkt einem anderen Menschen in die Augen schauen kann. Wer einen solchen Blick selbst erleben durfte, wird bestätigen können, dass hier eine unmittelbare Begegnung stattfindet, die sehr ergreifend wirkt. Wolfgang Schad beschreibt das Blickphänomen des Säuglings so **(9)**:

„Als Forscher (Haith u.a.) untersuchen wollten, wie sich der Blickkontakt zwischen Säugling und Mutter entwickelt, benutzten sie Apparaturen mit Monitorscheiben, in die auch der Beobachter hineinsehen kann, rasterten das mütterliche Gesicht und maßen statistisch, wohin das Kind beim mütterlichen Antlitz am liebsten guckt: auf ihre Nase, ihr Lippenspiel, die Augenbrauenbewegung, die Wangenmimik, das Weiß des Auges.

Das Ergebnis war: das Kind interessiert sich am allerwenigsten für die sichtbaren Teile des mütterlichen Antlitzes, vielmehr für die dunklen Sehlöcher des Auges. Denn hier ist der seelisch-geistige Eindruck vom anderen Menschen am stärksten. Wo es sinnlich nichts zu sehen gibt, gibt es übersinnlich am meisten zu sehen."

Das Kind sucht von Geburt an den Blick des anderen Menschen. In dessen Auge findet es das unverstellt Seelische. Ich gehe davon aus, dass das Kind in der Reaktion des mütterlichen Blickes auf seinen Blick auch eine existentielle Sicherheit entwickelt. Es ist wie eine Seins-Bestätigung, die noch nicht von innen heraus erlebt werden kann, sondern von außen durch den anderen Menschen zur Erfahrung gebracht wird.

Abb. 32

Der Blick hat wesentlichen Anteil an der Entwicklung einer seelisch-geistigen Beziehung zwischen Kind und Erwachsenem. Aber auch berühren, pflegen, stillen, füttern, sprechen, singen, wiegen u.s.w., bilden die Hülle, in der das Kind sich gesund entwickelt und sich Beziehung entfalten kann.

In der menschenkundlichen Erörterung über den Blick wurde bezüglich der nonverbalen Kommunikation darauf hingewiesen, wie die Seele, bildhaft gesprochen, aus den Augen herausgreift und das Gesehene „umfasst", quasi auf einer höheren Ebene berührt.

Sprechen wir von der Bedeutung des Blickes für zwischenmenschliche Beziehungen, so kennen wir die Phänomene, von einem Blick angenehm, neutral oder unangenehm berührt zu werden. Wie wir den Blick von einem anderen Menschen erleben, ist von verschiedenen Faktoren abhängig.

Es ist ein Unterschied, ob ich den Menschen, der mich ansieht, kenne oder nicht kenne. Befreundete Menschen schauen sich selbstverständlich und natürlich viel länger direkt an als Menschen, die sich fremd sind. Das wird besonders deutlich, wenn in einem engen Lift oder in einer Straßenbahn mehrere Menschen gezwungen sind, mit relativ engem Körperkontakt sich den kleinen Raum zu teilen. Der Blickkontakt wird in solchen Situationen besonders konsequent vermieden, um sich wenigstens seelisch-geistig abgrenzen zu können. Ich werde darauf noch einmal ausführlicher zurückkommen.

Argyle **(10)**, der sich wissenschaftlich mit nonverbaler Kommunikation auseinandergesetzt hat, ist bezüglich der Blickforschung zu interessanten Ergebnissen gelangt, von denen ich im Folgenden einige wiedergeben möchte. Er beschreibt die grundsätzliche Bedeutung des Blickes, die darin liegt, dass man an einem anderen Menschen interessiert ist.

„Mehrabian" (1972) stellte bei einem Experiment, in dem sich der Experimentator mit zwei weiblichen Versuchspersonen unterhielt, fest, dass die Person, die am meisten angesehen wurde, daraus den Schluss zog, dass sie bevorzugt wurde. Hiernach war die Blickrichtung ein wirksameres Signal als die körperliche Ausrichtung. Andere Experimente zeigten, dass, wenn einer den anderen ansieht, dieser nicht nur meint, der andere hätte ihn gern, sondern auch seinerseits den anderen lieber mag.

Argyle weist weiter darauf hin, dass bei größerem Abstand auch der Blickkontakt größer ist und bezieht sich auf den Forscher Exline, der feststellte, dass der Blickkontakt bei intimeren Gesprächsthemen geringer und bei weniger intimen größer ist. Auch wurde festgestellt, dass ein Mensch, der einen anderen täuscht, diesen gewöhnlich weniger ansieht. Ein starrer Blick wird in der Regel als gefährlich aufgefasst.

Während einer Unterhaltung - Argyle verweist hier auf Kendon - sieht der Sprechende auf und sucht den Blick des Anderen. Damit will er ein Feedback auf sein Gesagtes aufnehmen und gleichzeitig signalisieren, dass er mit seiner Rede fertig ist.

Interessant ist in diesem Zusammenhang auch, dass man beim Zuhören fast doppelt so lang auf den anderen schaut wie beim Sprechen.

Der Blickkontakt wird eher vermieden bei Scham, Angst und Verlegenheit. Zu dieser Aufzählung Argyles möchte ich hier noch das Unterlegenheitsgefühl und mangelnde Selbstbewusstsein hinzufügen.

Blickqualitäten werden betont durch verschiedene Begleitmerkmale wie die Pupillenerweiterung. Sie kann sich in der Regel zwischen zwei und acht Millimetern bewegen. Aber auch die Blinzelhäufigkeit, gewöhnlich alle drei bis zehn Sekunden, und die weite oder schmale Öffnung der Augen gehören zu diesen Merkmalen dazu.

Argyle erwähnt in seinem Buch einen weiteren Wissenschaftler, Thayer, der feststellte, dass jemand, der lange Blicke aussendet als dominanter angesehen wird als jemand, der kurze Blicke sendet. Das Zeichen von Stärke und die damit verbundene Anerkennung schlägt aber bei zu langen Blicken in sein Gegenteil um, weil der als zu lang erlebte Blick zuviel Intimität schafft und somit eher unangenehm und grenzüberschreitend wirkt.

Man fühlt sich dann angestarrt, beobachtet oder sogar bedroht. Soweit vorerst die Aussagen von M. Argyle und den in seinem Buch genannten Wissenschaftlern. Ich möchte gerne weiter auf die Blickkontaktdauer eingehen.

Warum erlebt man den dauerhaften Blick von Auge zu Auge bald als unerträglich?

Nur in ganz besonderen Situationen kommt es vor, dass zwei Menschen sich ohne Unterbrechung über einen relativ langen Zeitraum direkt in die Augen schauen. Eine solche Situation könnte Verliebtheit sein oder eine erotisch gefärbte nonverbale Kommunikation. Man kann hier ein Spiel der Blicke erleben, das Beziehung entwickelt.

Der verhältnismäßig lang andauernde Blick wird auch eingesetzt bei Konkurrenz-, Einschüchterungs- und Imponierverhalten, wie vor einem Boxkampf, wo oft beide Seiten wortlose Blickdominanz demonstrieren. Abgesehen von diesen Ausnahmen entsteht zwischen Menschen, die miteinander im Gespräch sind, meines Erachtens etwas wie ein Atemrhythmus im An- und Wegschauen. Gehen wir davon aus, dass im Blick eine direkte Begegnung von Mensch zu Mensch, von Ich zu Ich stattfindet, so ist diese Begegnung verbunden mit einer Empfindung von Berührtwerden auf der seelischen Ebene.

Dieses Erlebnis beinhaltet, dass der andere Mensch Zugang zu meinem „Innenraum" hat und umgekehrt ich in seinem auch. Der Wechsel von Blickkontakt und Blickabwendung wird vom Erwachsenen gerne mit kleinen Kindern im „guck-guck-da" Spiel vollzogen, wobei das Kind oft gar nicht genug davon bekommen kann und immer wieder danach verlangt.

Der Eintritt in die Persönlichkeitssphäre des Anderen setzt voraus, dass beiderseits kein Eindruck entstehen darf, der Andere sei womöglich ein „Eindringling". Sollte sich aber dieser Eindruck bestätigen, tritt die Antipathie als Abgrenzungsversuch bei dem zu lange Angeschauten auf. Der dann negativ erlebte Blick des Anderen wird vielleicht als bohrend, brennend, stechend, penetrant oder ausziehend beschrieben. Der „Eindringling" wird abgewehrt durch Vermeidung eines weiteren Blickkontaktes oder man begegnet ihm offensiv, indem er auf sein Verhalten angesprochen wird, was aber nur in seltenen Fällen geschieht.

Dem positiv erlebten Blick hingegen werden Eigenschaften wie sympathisch, warm, milde, bestätigend, ermutigend, aufmunternd, tröstend oder beruhigend zugeschrieben. Dazwischen gibt es ein neutrales, wertfreies Empfinden, wenn Blicke in einer alltäglichen Begegnung so ausgetauscht werden, dass sie sich im Erleben nicht in den Vordergrund schieben, sondern den Moment der Begegnung sanft begleiten und unterstützen.

In unserer westlichen Kultur ist die zeitlich taktvolle Blickdauer im konventionellen Umgang miteinander wie selbstverständlich verankert. Wie gehe ich mit dem anderen Menschen um, dass er sich angenehm von mir wahrgenommen fühlt und sich nicht gegen mich wehren muss? Ich denke, dieses Taktgefühl gründet sich auf den Ich - Wahrnehmungssinn.

Sind zwei Menschen ineinander verliebt, gehen sie durch lange Blicke jeweils in den ersehnten Innenraum des Anderen hinein und lassen dies gegenseitig gerne zu. Abweichungen von der bei den meisten Menschen offensichtlich recht übereinstimmenden Blickdauer werden in der Regel vermieden, weil man sich nicht unbeliebt machen oder als neugierig oder aufdringlich gelten möchte.

Außerdem verhindert meist auch ein leises Schamgefühl den zeitlich überzogenen ausgesendeten Blick. Meine Beobachtung ist, dass weniger die gemessene Zeit - ein statistischer Durchschnittswert - Auskunft darüber gibt, ob der Blick verhältnismäßig oder unverhältnismäßig lange andauert, als vielmehr die Tatsache, wie der Schauende bei der Begrüßung eines anderen Menschen diesem die Hand gibt, ob fest oder leicht, sicher oder zaghaft und wie lange er, seiner Gewohnheit nach, den Händedruck aufrecht erhält.

Meine Hypothese ist: Was sich beim Händedruck körperlich spürbar ausdrückt, geschieht beim Blick im übertragenen Sinne auf der seelisch wahrnehmbaren Berührungsebene. In dem Kapitel über die Entwicklung der Sprache und die Entfaltung des Blickes habe ich darauf hingewiesen, wie das Baby durch die „Du"-Erfahrung im Blick den Keim für die Entwicklung des Ich-Sinnes legt. Neben dem seelischen Erleben des mütterlichen Blickes fördert besonders der Tastsinn die Entwicklung des Ich-Wahrnehmungssinnes.

Das kleine Kind bekommt durch die körperliche Nähe des Erwachsenen über den Tastsinn die Sicherheit vermittelt, dass es geborgen ist, und schnell schläft ein schreiendes, unruhiges Kind auf dem Bauch oder in den Armen seiner Mutter oder seines Vaters ein. Beziehung muss leiblich erfahrbar sein, und der Blick unterstützt dabei die Begegnung.

Besonders außerhalb der gewohnten Umgebung ist es für das Sicherheitsgefühl des kleinen Kindes wichtig, bei der Fülle von fremden Eindrücken immer wieder zum Blick seiner Mutter zurückkehren zu können. Aus diesem Grund macht es Sinn, Kinderwagen auszuwählen, die dem Kind immer den Blickkontakt zu seiner Mutter ermöglichen. Wird das Kind älter, braucht es die körperliche Nähe nicht mehr so intensiv für sein Erlebnis von Sicherheit.

Die Anwesenheit des Erwachsenen, in sichtbarer oder hörbarer Nähe z. b. in der Schlafenszeit und das Versprechen: „Ich schau´ gleich noch mal nach dir", reichen dann für ein beruhigtes Einschlafen aus.

Das Erlebnis der Begegnung über den Tastsinn ist die eine Seite, die andere ist die Eigenwahrnehmung, die durch körperliche Nähe gefördert wird. Durch den Tastsinn entsteht das Erlebnis, gegenüber der Umwelt ein abgegrenztes Wesen zu sein. Dieses Erlebnis vermittelt ein Gefühl existenzieller Sicherheit und fördert das Selbstbewusstsein. Hat ein Mensch Angst, hilft ihm ganz selbstverständlich das Streicheln über den Arm oder den Rücken, das Klopfen auf die Schulter oder in schweren Situationen auch eine feste Umarmung. Man folgt dabei dem instinktiven Wissen, dass Berührung Sicherheit vermittelt und Ängste aufzulösen vermag.

Menschenkundlich heißt das, die durch die Angst aus dem Leib heraus gelockerten Wesensglieder Ich und Astralleib durch die Behandlung des Tastsinnes in den Leib zurückzuführen. Der Mensch erlebt sich wieder in sich zentriert, und die Angst weicht. Wo Berührung stattfindet, entsteht Bewusstsein - leiblich über den Tastsinn, seelisch durch den Blick, und die so unterstützte Persönlichkeit kann wieder „Fuß fassen", „sich erden" oder „zu sich kommen".

Im Kindesalter braucht der Ich-Sinn die Versicherung und Bestätigung durch den Tastsinn. Erst wenn das Kind die ersten Schuljahre hinter sich hat, ich möchte mich zeitlich nicht genau festlegen, kann der Ich-Sinn freier agieren. Bildhaft ausgedrückt: Er muss nicht mehr vom Tastsinn getragen werden, sondern kann selbständig neben ihm hergehen. Die Verbindung zwischen Ich-Sinn und Tastsinn jedoch bleibt immer bestehen. Eine Voraussetzung für die Begegnung von Mensch zu Mensch ist Offenheit.

Vorurteile, Vorstellungen, Meinungen, Absichten und Interpretationen schieben sich vor die Begegnung zwischen Menschen. Ich gehe davon aus, dass das Kind sofort spürt, wie der Erwachsene ihm gegenübertritt. Überlegen, autoritär, manipulativ, voller Absichten und Vorstellungen, wie das Kind zu sein hat und werden sollte oder freilassend, fragend, offen und interessiert.

Die Wahrnehmung des Anderen geschieht in der ersten Begegnung in sehr kurzer Zeit, und es spielt keine Rolle, ob das Kind gesund ist oder mit einer Behinderung lebt. Das „erkennende" Gefühl, ob der Erwachsene authentisch ist oder seine Rolle lediglich verkörpert, stellt sich unmittelbar ein. Bei einem gesund entwickelten Kind bringt der Ich-Sinn diese Einschätzung hervor. Wie aber kommt bei Menschen mit Sinnesentwicklungsstörungen und Behinderungen die Wahrnehmung des Anderen zustande?

Das Kind, das durch eine Entwicklungsstörung oder Behinderung seinen Leib als Instrument der Seele nicht vollständig zur Verfügung hat oder anders gesagt, ihn nicht so durchdringen kann, dass es sich mit diesem, seinem Leib identifiziert, greift nach meiner Erfahrung auf andere Wahrnehmungsfähigkeiten zurück. Insbesondere, wenn es aufgrund einer gestörten Sinnesentwicklung den Tastsinn und in dessen Folge den Ich-Sinn nicht genügend ausbilden konnte. Aufgrund der nur losen Verbindung seines seelisch-geistigen Wesens mit dem Leib, nimmt es unmittelbar und intensiv das Seelenwesen des anderen Menschen wahr, woraus sich seine starke Abhängigkeit von Stimmungen des Erwachsenen erklärt. Beim Säugling ist das genauso. Er lebt natürlicherweise noch so weit außer sich, dass er eine direkte Wahrnehmung des Seelenlebens, z. B. seiner Mutter, hat.

Mit der zunehmenden Inkarnation, der allmählichen Besitzergreifung des eigenen Leibes, verändert sich diese Wahrnehmungsfähigkeit zu einer bewussten Ich-Wahrnehmungs-Sinnesleistung. Individuell verschieden, bleibt das Kind mit einer Behinderung in diesem frühen Stadium des schwach-inkarniert-Seins, und es behält daher diese so offene, schutzlose, relativ körperlose Miterlebens-und Mitleidsfähigkeit.

Ein Ziel heilpädagogischen Handelns ist die sinnesabhängige Wahrnehmungsfähigkeit, die das unfreiwillige Einswerden mit dem anderen Menschen umwandelt in eine willentlich beeinflussbare Ich - Du Beziehung. Dabei steht die therapeutische Unterstützung der basalen Sinnesentwicklung an erster Stelle. Nach diesen Ausführungen zur Begegnung von Mensch zu Mensch ist die Grundlage gelegt, auf welcher der kindliche Blick und seine Wirkung auf den Erwachsenen dargestellt werden kann.

Blick und Intuition

Zwei Augen hat die Seel: eines schauet in die Zeit, das andere richtet sich hin in die Ewigkeit.
Angelus Silesius, Cherub. Wandersmann 3, 227

Wir kommen jetzt zu einem Thema, das für mich schwerer zu beschreiben ist als das, was bisher über den Blick gesagt wurde. Es geht um die Fragen: Wie nehme ich den Blick des anderen Menschen wahr? Was löst der Blick des anderen Menschen in mir aus? Bleiben wir zuerst bei der Frage nach dem „wie" der eigenen Wahrnehmung eines Blickes.

Es gibt ganz unterschiedliche Möglichkeiten, einen Blick aufzunehmen. Damit meine ich, dass man einen Blick vielleicht nebenbei nur „auffängt". Dann muss man einen Blick eher unfreiwillig ertragen, weil man von jemandem angestarrt wird.

Oder man „sucht" den Blick des anderen Menschen, weil man auf sich aufmerksam machen möchte. Eine andere Situation wäre, sich am liebsten in einem Mauseloch zu verstecken, um ja nicht von einer bestimmten Person wahrgenommen oder angeschaut zu werden. Dabei erinnere ich mich an meine Schulzeit, als zum Schuljahresbeginn der Lehrer teils sehr unbeliebte Aufgaben wie Tafeldienst, Klassenbuch führen und Zimmer lüften an uns verteilte

Ein Blickkontakt mit dem Lehrer wäre in diesem Moment der Aufgabenverteilung sehr ungünstig gewesen, weil er seitens des Lehrers als Interesse an der Aufgabe hätte interpretiert werden können. Bleibt noch zu erwähnen, dass ich trotz angestrengter Blickvermeidung die Aufmerksamkeit des Lehrers fast magisch auf mich zog, mit den unentrinnbaren Konsequenzen undankbarer Tafeldienste.

Manchem ist auch nicht fremd, dass ihm oder ihr schon einmal „schöne Augen" gemacht wurden.

Das bedeutet, dass von einem Menschen Blicke ausgesandt werden, die nicht nur Interesse am Anderen beinhalten, sondern auch den Wunsch signalisieren, eine nicht nur platonische Beziehung herstellen zu wollen. Die Reaktion darauf ist eher individuell zu beschreiben.

Um was es mir aber in dieser Betrachtung im Wesentlichen geht, ist der Moment, wie ich innerlich gestimmt bin - ich könnte auch sagen - in welche Verfassung ich mich bringe, wenn ich mit Interesse einem anderen Menschen gegenüberstehe und nun seinen Blick wahrnehme und auf mich wirken lasse. Gehe ich von mir aus, so muss ich sagen, dass ich in alltäglichen Begegnungen darauf achten muss, nicht voreilig den Blick des anderen Menschen zu interpretieren und zu beurteilen.

Allgemein wage ich zu sagen, dass Interpretationen des Blickes schnell zu Missverständnissen führen können. Man sagt dann vielleicht: „Was guckst du mich denn so an?" Oder: „Ist irgendwas mit mir?" Die Antwort könnte sein: „Ich guck´doch gar nicht", womit eventuell schon eine leise Missstimmung zwischen den Beiden entstanden ist. Manchmal wäre es besser zu sagen: „Im Moment fühle ich mich durch deinen Blick verunsichert. Möchtest du mir etwas sagen oder nehme ich das falsch wahr?" Damit wäre wenigstens der drohenden Missstimmung vorgebeugt. Ich möchte aber noch einen Schritt weitergehen und besonders auf den Moment achten, bevor ich, wie gewohnt, schnell zur Interpretation des Blickes gelange.

Im Grunde haben wir es hier mit einer dem Zuhören sehr ähnlichen Situation zu tun. Wir wissen, dass wir nur dann wirklich zuhören, wenn wir uns wach, bewusst und interessiert dem Anderen zuwenden, innerlich aber still werden und das eigene Urteil über das Gehörte nicht sofort fällen.

Heinz Zimmermann **(11)** hat diesen Moment des Zuhörens und seine Bedeutung für das Gespräch einfühlsam beschrieben:

„Ich muss mich selber vollständig auslöschen, um nur das anwesend sein zu lassen, was vom andern kommt. Das gelingt nur selten und erfordert, dass wir den gesamten Wust von eigenen Gedanken, Vorstellungen, Gefühlen und Leibeswahrnehmungen wie Juckreiz u.s.w. für kurze Zeit von uns wegschieben können. In dem Moment, wo mir die Wahrnehmung des Anderen bewusst wird, bin ich schon nicht mehr drinnen. Dann gebe ich mir vielleicht nochmals einen Ruck, mich selber zu vergessen, dann wache ich wieder in mir auf. Es ist tatsächlich ein Vorgang des Einschlafens und Aufwachens, nur dass das Einschlafen durch einen bewussten Willensakt herbeigeführt wird.

Wirkliches Zuhören heißt also einschlafen, sich selber vergessen, sich auch ein Stück verlieren, im Verstehen und noch mehr im eigenen Urteilen wachen wir auf. Wachbewusstsein kommt durch Absonderung von der Umgebung zustande. Wach bin ich, insofern ich mich von den mich umgebenden Dingen unterscheiden kann, im Schlaf gebe ich mich an meine Umwelt hin. So bedeutet Zuhören im Gespräch, sich mit den andern verbinden; verstehendes Einordnen und selber sprechen ist Selbstbehauptung. ...

Sprechen aus dem Zuhören und der Wahrnehmung des anderen heraus vermittelt eine Begegnung, aus der Neues entstehen kann. Je nach der Art, wie jemand zuhört, kann der andere reden. Mit anderen Worten: aktives Zuhören heißt, dem anderen die Möglichkeit zu geben, Dinge auszusprechen, die er ohne dieses Zuhören nicht oder nicht so hätte aussprechen können."

Die hier hervorgehobene Qualität der eigenen Zurücknahme kann auch für die Entgegennahme des Blickes gelten, nur haben wir es hier mit einer anderen Zeitdimension zu tun. Was im Gespräch das Zuhören für Minuten oder länger bedeutet, das finden wir in der Blickbegegnung mit dem anderen Menschen in wenigen „Augenblicken" wieder.

Ich meine den Blick, den ich innerlich still aufnehme und zu mir „sprechen" lasse. Begegnung in diesem Sinne beinhaltet intuitive Anteile, was nach meinem Verständnis eine unmittelbare, rein geistige Wesensbegegnung darstellt.

Bin ich im Moment der Wahrnehmung eines Blickes wach, konzentriert, offen und achtsam, dabei frei von Vorstellungen, Assoziationen und vor allem frei von vorschnellen Interpretationen, so löst der Blick eine Empfindung aus, die ich, von meiner persönlichen Wahrnehmung ausgehend, in der Bauchregion, im Bereich des Sonnengeflechts, (Plexus solaris, in der oberen Bauchregion), lokalisiert erlebe.

Vom Sonnengeflecht sagt Rudolf Steiner, dass es mit dem Nierensystem zusammen das „Bauchgehirn" des unteren Menschen sei. **(12)**

Durch diese Aussage bekommt das, was ich hier als „Bauchwissen" bezeichnen möchte, seinen Boden. Redewendungen wie: „Mein Bauch sagt mir …..", „wenn ich auf meinen Bauch höre", „vom Bauch aus würde ich sagen….", weisen darauf hin, dass es auch andere Wissensbezirke im Menschen gibt, als nur den Kopf. Menschenkundlich ist die Bauchregion dem Stoffwechsel-Gliedmaßenmenschen zugeordnet. Der Wille, impulsiert durch das Feuer des Stoffwechsels, hat hier sein Zentrum. Ich stelle mir vor, die Willensanstrengung, sich konzentriert, achtsam und innerlich schweigend dem anderen Menschen zuzuwenden, öffnet das Tor zum intuitiven „Bauchwissen".

Das „Bauchwissen" möchte ich nicht mit einem Gefühl gleichsetzen. Vielmehr liegt in ihm das ver- oder geborgen, dem ich mit dem Begriff der ***„Ahnung"*** am nächsten komme. Das Wort „ahnen" bedeutete ursprünglich an-, überkommen. Noch Goethe sprach von „es ahnt mir". **(13)** Mit der Ahnung haben wir etwas, das von außen an uns herankommt, wenn wir dafür bereit sind. Die unmittelbare, unverfälschte Begegnung mit dem anderen Menschen hat also einen eigenen wesentlichen Wahrnehmungsanteil in der Bauchregion.

Diese Begegnung, die dort erlebt wird, wandelt sich in einem nächsten Schritt in ein Gefühl. Jetzt erst spüren wir eine Antwort auf den Blick in unserer Mitte. Wir reagieren auf einen Blick mit Herzklopfen oder so, dass der Atem stockt, mit Missbehagen, Lust, Freude oder Unlust. Die Vielzahl emotionaler Reaktionen kommt nun ins Spiel, jetzt bin ich schon näher bei mir, wohingegen ich bei der Bauchwahrnehmung quasi noch an der offenen Türe des Anderen stand.

Schließlich kommen wir zu einem dritten Schritt. Wir bilden Vorstellungen. Das intuitive Erlebnis kommt zum Bewusstsein, wir können es gedanklich erfassen. Das Zustandekommen einer rein geistigen Wesensbegegnung im Blick ist wie das Empfangen eines Geschenkes aus der geistigen Dimension. Mir kommt es so vor, als offenbaren sich im Blick des Kindes seine Ressourcen, seine in ihm liegenden und bisher noch nicht zur Entfaltung gekommenen Fähigkeiten und Entwicklungschancen, und dass er somit auf etwas Zukünftiges weist.

Erlebe ich diese Aussage im Blick des Kindes, rate ich zuerst einmal dazu, eine wichtige Entscheidung, wie z. B. die Einschulung, zurückzustellen, um Zeit zu gewinnen. Dann entwickle ich mit den Eltern ein auf das Kind ausgerichtetes, therapeutisches Konzept, um dem in den Augen sichtbaren „Leitstern" zu folgen und ihm immer näher zu kommen. Ich durfte mehrmals die Erfahrung machen, dass der Blick des Kindes sich später erfüllte und das Kind eine ganz erstaunliche Entwicklung durchlief. Bei anderen Kindern erfüllten sich die Hoffnungen, die im Blick lagen hinsichtlich seiner weiteren äußeren Entwicklung, nicht. Vielleicht weist der Blick dieser Kinder auf eine viel weiter entfernte Zukunft hin.

Wesentlich bei allen Kindern, mit denen wir arbeiten, egal, ob sie nun einen verheißungsvollen Blick offenbaren oder ob sie in ihrem Blick noch gar nicht „angekommen" sind, ist immer der Weg, die Bemühung und jede noch so kleine Willensbetätigung des Kindes. Bleiben auch die von uns erhofften Erfolge aus, so dürfen wir sicher sein, dass jede Anstrengung, die das Kind und wir unternehmen, eine bleibende Wirkung in ihm verursachen.

Wird sie auch nicht in äußeren Entwicklungsschritten sichtbar, so werden ihre Früchte doch später zum Tragen kommen. Wesentlich scheint mir, aufmerksam zu werden auf den Blick und die ihm innewohnende Botschaft der Individualität. Das bewahrt uns vor einer schematisierten diagnostischen Festlegung und bewirkt, dass wir uns nicht wie selbstverständlich auf Testverfahren verlassen, wenn diese überhaupt für eine biografische Weichenstellung ausreichen.

Die Begegnung mit dem Blick eines Kindes oder eines uns anvertrauten Menschen kann Unsicherheit, manchmal sogar eine Erschütterung in uns auslösen, und das ist gut so. Dadurch geraten wir nicht in die Falle, routinierte Aussagen zu treffen, die an der Wirklichkeit des Menschen vorbeigehen. Wenn in einer Begegnung mit dem Kind keine Fragen offen bleiben, dann haben wir noch nicht verstanden, dass wir ohnehin nur einen geringen Anteil des Kindes und seiner Geschichte erfassen können. Zu dieser Haltung gehört für mich die Frage, ob das Kind eine pädagogisch-therapeutische Begleitung bekommt, die sich aus einem authentischen Sein ableitet und nicht aus unbestimmten ideellen Vorgaben. Eine Begleitung, die darauf achtet, dass die ganz individuellen, im Kind schlummernden Fähigkeiten, nach und nach entdeckt, entwickelt und gefördert werden.

Das Gegenteil davon wäre die Absicht, das Kind nach standardisierten Erziehungsschablonen und Vorstellungsmustern zu erziehen, wie es zu sein hat, und was diesen Vorstellungen nicht entspricht ist therapiebedürftig, stört und muss beseitigt werden. Ich bin überzeugt, dass Erziehung, gleich ob von Kindern mit oder ohne Behinderung, in erster Linie ein „sich dem Kind zur Verfügung stellen" bedeutet.

Entscheidend dabei ist der Aufbau einer von gegenseitigem Respekt, Toleranz, Vertrauen und Liebe geprägten Beziehung, in der für das Kind der erforderliche Entwicklungsraum entstehen kann. In diesem übernimmt das Kind aus sich heraus die Anteile von mir, die es für sein individuelles Werden braucht, und nicht ich muss irgendwelche Absichten in das Kind hineinlegen. Erziehung wird so zu einer Beziehung, die den Boden für die kindliche und meine Entwicklung bereitet.

Ich glaube, dass im Stadium des „Bauchwissens" auch Erlebnisse auftreten können, die so erfahren werden, dass man sich damit nicht konfrontieren möchte. Auf der Gefühlsebene wird dieses Erlebnis auch noch ausgespart und nur Vorstellungen werden zur Urteilsbildung herangezogen. Das kann geschehen, wenn wir uns auf die Schwere des Schicksals des Kindes nicht wirklich einlassen wollen, vielleicht aus Angst vor der eigenen Ohnmacht, vielleicht auch aus Bequemlichkeitsgründen. Wir verschanzen uns allzu gerne hinter der Mauer professioneller, gemeinhin als notwendig anerkannter, Objektivität. Dann haben wir die rein intellektuelle Betrachtungsweise mit kühl analysierendem Blick, wobei die Defizitorientierung im Vordergrund steht und wieder an der Wirklichkeit des Kindes vorbeigeht.

Gegen das „Bauchwissen" zu handeln kann zu bösen Überraschungen führen. Ich erinnere eine Situation, wo ich als Jugendlicher abends trampte. Ich stand unter Druck, weil ich noch eine lange Strecke vor mir hatte und ein Weiterkommen dringend notwendig war. Endlich hielt der Fahrer eines Lieferwagens an. Er öffnete die Beifahrertüre, beugte sich zu mir und fragte mich, wohin ich wolle. Der allererste Moment unserer Begegnung rief in mir hervor: Vorsicht!

Ich ignorierte diese Warnung, beruhigte mich, dass dieser Mann eigentlich doch ganz nett sei, weil er überhaupt angehalten hatte und schließlich, so dachte ich mir, blieb mir doch nichts anderes übrig, als einzusteigen. Dieser Illusion gab ich mich hin. Kaum war ich eingestiegen, roch ich die Alkoholfahne des Fahrers, und mit Entsetzen stellte ich fest, dass das Thema Geschwindigkeitsbegrenzung ihm völlig fremd war. So rasten wir die Straße entlang. Ich krallte mich am Türgriff fest und schwor mir, nie wieder über meine erste Ahnung hinwegzugehen. Irgendwann fuhr jemand vor uns erheblich langsamer und mein Lieferwagenfahrer fing an zu fluchen, zu schreien und außer sich zu geraten. Meine Angst wurde so übermächtig, dass ich den Mut aufbrachte, ihn energisch aufzufordern, sofort anzuhalten. Ich stieg mit weichen Knien aus und kam am selben Abend trotzdem noch zu meinem Ziel.

Jetzt mache ich einen Zeitsprung. Ich möchte von einer Fehldiagnose erzählen, die dadurch zustande kam, dass ich meinen eben erwähnten Schwur, nie mehr über meine Ahnung hinwegzugehen, vergessen hatte.

Es war zu Beginn meiner Tätigkeit in freier Praxis. Die Mutter eines damals zehnjährigen Jungen kam ohne ihn zu einem Erstgespräch zu mir und erzählte, dass ihr Junge von allen verkannt werde, niemand durchschaue ihn wirklich. Er sei zu Unrecht in eine Schule für „Geistigbehinderte" eingeschult worden und - Fazit des Gesprächs - ich solle ihr helfen, dieses ihrem Kind angetane Unrecht wieder gut zu machen, indem durch meine Hilfe der Junge in eine Förderschule wechseln solle. Ich fühlte mich geehrt. Gerne war ich bereit, für die Wahrheit einzutreten. Dann kam das Kind das erste Mal zu mir.

Ich weiß noch, es war schwer, seinem Blick zu begegnen, weil seine Augen extrem weit auseinander lagen und die Sehachse nicht deutlich war. Das berührte mich seltsam und kündigte sogleich eine ernste schemenhafte Ahnung in mir an. Aber er erzählte so schön und so viel, wortgewandt, ohne Punkt und Komma, dass ich staunend vor ihm saß. Außerdem war ich noch sehr eingenommen von dem Gespräch mit seiner Mutter.

Irgendwann konnte ich ihn dazu motivieren, mit mir etwas Praktisches zu machen. Die Aufgabe bestand darin, Nägel in ein Brett zu schlagen. Letztendlich schlug ich sie ein. Er schaute zu und kommentierte mein Tun. Er selbst brachte kaum etwas zustande, weder grob- noch feinmotorisch, weder rhythmisch noch künstlerisch. Es geht mir hier nicht darum, Defizite zu schildern, sondern ich möchte auf die Kluft hinweisen, die zwischen dem Vorstellungs- und Willensleben des Jungen bestand. Es fiel mir schwer, die Behinderung, mit der er lebte, bei allem Helferwillen zu akzeptieren und ich brauchte einige Wochen, um mich von meiner Retter-Rolle zu lösen.

Anfangs befahl ich meinem Bauch, meinem Gefühl und meinem Verstand zu schweigen, bis ich schließlich in den sauren Apfel beißen musste. Ich schilderte den Eltern meinen Eindruck ihres Kindes deutlich und empfahl, er solle auf seiner Schule bleiben. Außerdem bestehe therapeutisch dringender Handlungsbedarf.

Ich begleitete diesen Jungen etwa sieben Jahre lang. Nach der Schulzeit konnte er seiner Leidenschaft für Kühe nachgehen. Bis heute lebt er auf einem Bauernhof, auf dem er sich wohlfühlt und ein ihm gemäßes Leben führen kann.

In den Augen liegt das Herz

In den Augen liegt das Herz,
In die Augen musst du sehen,
Willst die Mädchen du verstehen,
Werben um der Liebe Scherz.

Merke was das Auge spricht,
Ja, das Auge musst du fragen;
Was mit Worten sie dir sagen,
Freund, das ist das Beste nicht!

O es ist ein lieblich Spiel,
Wenn die Augen sich belauschen,
Forschend ihre Blicke tauschen,
Keine Rede sagt so viel.

Sonnenlichtes Farbenschein,
Kündet sich dir im Juwele,
Farben aus dem Sitz der Seele,
Zeigt das Auge nur allein.

Wenn es schwärmt und wenn es lacht,
Wenn es schüchtern freundlich bittet,
Liebend strahlt und fein gesittet,
O wie schön's die Mädchen macht!

Drum verletze frevelnd nicht,
Schenkt das Auge dir Vertrauen,
Kannst den Himmel ja nicht schauen,
Trüben Tränen dort das Licht.

Mag die Sternenwelt untergehn,
Will darüber wenig rechten,
Darf ich nur in stillen Nächten
Liebchens Augensterne sehen.

Franz von Kobell, 1841

Die Aussagekraft des Blickes und seine Aktivierung in der heilpädagogischen Arbeit

Das Auge ist der Punkt, in welchem Seele und Körper sich vermischen.

Friedrich Hebbel 1813 – 1863

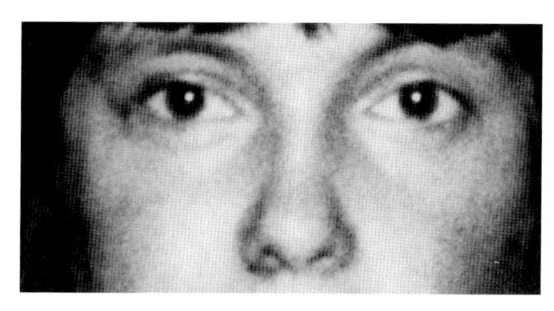

Abb. 34

12 jähriges Mädchen, allgemein retardiert (in der Entwicklung zurückgeblieben) Abb.34

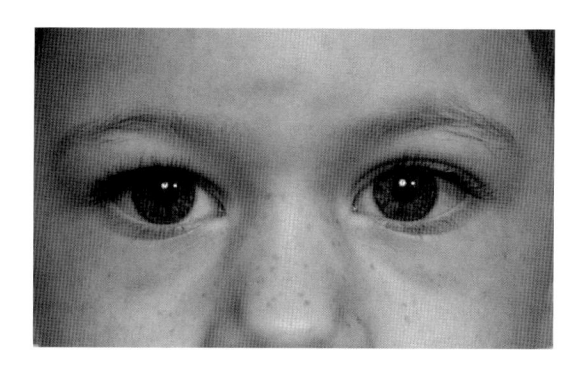

Abb. 35

5 jähriges, gesund entwickeltes Mädchen

Franziska

Der leere Blick

Franziska war bei unserer ersten Begegnung zweieinhalb Jahre alt. Ihre Mutter erzählte, dass sie während der Schwangerschaft keine emotionale Beziehung zu ihrem ungeborenen Kind herstellen konnte. Bei dem älteren Bruder war das ganz anders. Seit Beginn der Schwangerschaft mit ihm spürte sie seine Nähe und freute sich auf ihn. Bei Franziska machte sich eher Angst breit, etwas wie eine bedrückende, dunkle Ahnung.

Franziska schrie von Geburt an extrem viel, besonders wenn sie berührt wurde. Wurde sie gestillt oder im Arm gehalten, vermied sie jeden Blickkontakt. Suchte Frau M. gezielt den Blick Franziskas, hatte sie den Eindruck, dass dieser Blick wie durch sie hindurch gehe, „wie ein leerer Blick in die Ferne".

Frau M. schwankte in diesen Momenten zwischen Angst, Schuldgefühl und aufkeimender Wut, wenn sie sich wieder nicht von ihrer Tochter wahrgenommen fühlte. Bedürfnisse wie Hunger oder Durst schien Franziska nicht zu kennen. Mit 18 Monaten lernte sie, frei zu gehen. Der Gang blieb unsicher und wirkte steif. Die Knie waren beim Gehen durchgedrückt und die Arme wurden zur Gleichgewichtsstabilisierung seitlich ausgestreckt. Das gesamte Bewegungsbild schien eher wie von außen geführt als von innen durchdrungen. Beim kleinsten Hindernis, wie einer Türschwelle, ging Franziska auf die Knie und rutschte so in den Raum. Das tat sie aber nur unwillig, denn Wechsel von einem Raum in den anderen, verunsicherten sie. Kam sie in eine ihr fremde Umgebung, konnte sie in Panik geraten und schrie bis zur Erschöpfung.

So auch, als sie das erste Mal in unsere Praxis kam. Franziska konnte nicht sprechen und vermutlich Sprache auch nicht verstehen. Sie zeigte keinerlei Anzeichen, nachzuahmen. Laute Geräusche verängstigten sie. An Spielzeug zeigte sie keinerlei Interesse. Am liebsten hielt sie mit den Fingerspitzen eine Babyrassel, auf die sie fixiert war. Ihr Schlaf-Wach-Rhythmus war massiv gestört. Tags schlief sie in unregelmäßigen Abständen immer wieder für kurze Zeit ein, nachts schrie sie mit großer Ausdauer. Die Situation war für ihre Familie sehr belastend.

Um sich einem menschenkundlichen Verständnis der beschriebenen Phänomene zu nähern, möchte ich die Sinnesentwicklung Franziskas in den Mittelpunkt stellen. Ihre schwere Beziehungsstörung äußerte sich in verschiedenen Bereichen. Die Eigenwahrnehmung, die Identifikation mit dem eigenen Leib, war kaum wahrnehmbar. Hinweise darauf ergaben sich aus den Berührungsängsten, der mangelnden Empfindung für Hunger oder Durst, der undurchdrungen wirkenden Bewegung und dem nur labil entwickelten Gleichgewichtssinn. Ich werde auf diese Phänomene gleich noch einmal zurückkommen.

Die mangelnde Beziehung zur materiellen Welt wurde deutlich an Franziskas fehlendem Interesse für Spielzeug oder andere Gegenstände ihrer Umgebung. Im Gegensatz zum gesunden Kind erforschte sie nichts, sondern fixierte sich auf die Rassel. Aufgrund der schwerwiegenden Unsicherheit im Ergreifen des eigenen Leibes und der daraus resultierenden Unfähigkeit, sich auf Beziehungen, auch zu den nächsten Menschen, einzulassen, führte Franziska ein einsames Leben. Ich bin mir sicher, dass bei Kindern mit solchen Beziehungsstörungen im Hintergrund eine tiefe Sehnsucht nach Nähe, Beziehung und Liebe besteht.

Das vordergründige Verhalten der Ablehnung ist nur eine Notlösung, um von der Angst und der Scham vor Begegnung nicht überwältigt zu werden. Unsere wesentlichen Kommunikationsmöglichkeiten liegen in der Berührung, im Blickkontakt und im Ausdrucksvermögen der Körpersprache und der Sprache selber.

In dieser Reihenfolge entwickeln sich die einzelnen Fähigkeiten und es ist nicht schwer, nachzuvollziehen, dass Sprache und Beziehungsaufnahme über den Blick, ohne das Fundament der Berührungstoleranz, keine stabile Entwicklungsvoraussetzung haben. Die Berührung durch einen anderen Menschen verschafft mir einerseits das Bewusstsein meiner selbst, andererseits aber auch die Wahrnehmung für den Menschen, der mich berührt. Wiederholte Berührung fördert das Zu-sich-kommen und schafft Vertrauen zum Anderen. Dazu muss aber Berührung ertragen werden. Kann man sich nicht in seinen Berührungs- und Tastsinn hineinfinden, so wird dieses Sinnesfeld auch nicht als Basis existentieller Sicherheit und Abgrenzungsvermögen zum Tragen kommen. Die Erlebnisse, die der Tastsinn vermittelt, bleiben fremd, bedrohlich und bewirken sogar Angst.

Nehmen wir den Tastsinn bildlich als ein Haus, in das die Seele einziehen will, in dem sie Schutz findet durch die Grenzen nach außen, und in das sie sich zurückziehen kann. Bei Franziska haben die Wände dieses Tastsinn - „Hauses" Löcher, Risse, sie sind unstabil und bilden keinen Schutz. Damit wird auch nachvollziehbar, dass die Berührung durch Blicke für Franziska in ihrer völligen Schutzlosigkeit als unerträglich erlebt wird. Der Lebenssinn, der die Aufgabe hat, uns Wohlbehagen zu vermitteln und damit ein zufriedenes Verhältnis zum eigenen Leib, kommt bei Franziska auch nicht zum Tragen.

Sie äußert im Gegenteil eigentlich nur Missbehagen und kommt erst zur Ruhe, wenn die Erschöpfung überhand nimmt. Das eingeschränkte und nur wenig auf die Umwelt bezogene Bewegungsbild Franziskas zeigt, dass auch der Eigenbewegungssinn bisher von ihr nicht verinnerlicht werden konnte.

Schließlich wird Franziskas Problem im Erfassen des Gleichgewichtssinnes deutlich, wenn sie frei geht.
In der Zusammenarbeit mit Frau M. stand die heilpädagogische Bemühung im Vordergrund, Franziska dabei zu helfen, diese vier beschriebenen basalen Sinne so zu fördern, dass die Beziehung zur eigenen Leiblichkeit verbessert wird. Damit hofften wir, auch ihre Kommunikationsfähigkeit zu veranlagen. Primär jedoch stand die Frage vor uns, wie Franziska lernen kann, Berührung besser zu ertragen.

Ich habe im Umgang mit Kindern mit autistischen Zügen die Erfahrung gemacht, dass die Absicht des Erwachsenen, mit der die Berührung verbunden ist, unmittelbar wahrgenommen wird. Ich unterscheide zwischen subjektiver und objektiver Berührungsabsicht. Die subjektive findet mehr auf der emotionalen Ebene statt, z. B. wenn ich das Kind liebevoll in den Arm nehmen will. Objektiven Charakter bekommt die Berührung, wenn nicht mein emotionales Leben im Vordergrund steht, sondern ein Zweck wie das Waschen, das Einpudern einer wunden Stelle oder die Durchführung einer manuellen Therapie.

In unserer Praxis arbeiten meine Kollegin und ich mit der Chirophonetik **(14)**, die ursprünglich als Sprachanbahnungstherapie von Dr. Alfred Baur entwickelt wurde, und die inzwischen auch zur Wahrnehmungsförderung sowie zur Behandlung verschiedenster Entwicklungsstörungen in vielen therapeutischen Berufsfeldern als Methode angewendet wird.

Dabei werden dem Kind Formen auf den Rücken sowie Arme und Beine gestrichen, die ihren Ursprung in der Lautartikulation haben. Die Luftformen, die beim Sprechen der Laute entstehen, jeder Laut hat seine eigene charakteristische Luftströmungsgestalt, werden nach den Gesetzmäßigkeiten der Metamorphose auf den Gesamtorganismus übertragen.

Während der Laut nun gestrichen wird, wird er auch gleichzeitig gesprochen. Jeder Laut hat eine ganz bestimmte Wirkung. Das „R" z. B. aktiviert und rhythmisiert, das „M" fördert die Ausatmung, das Loslassen und die Entspannung. Kennt man die Wirkungsweisen der Laute, kann man dem Kind eine individuell zusammengestellte Lautreihe vermitteln und ihm mit Hilfe der Sprachkräfte Lautqualitäten zukommen lassen, die ihm helfen, besser in den Leib hineinzufinden oder, anders gesagt, den Leib als „Instrument der Seele" nutzen zu lernen.

Die Berührung, die während einer chirophonetischen Behandlung stattfindet, hat im oben angesprochenen Sinne objektiven Charakter. Vom Kind wird während der Behandlung nichts erwartet, und da keine direkte Begegnung durch Blickkontakt zwischen ihm und dem Erwachsenen stattfindet, wird diese Behandlung auch von Kindern mit autistischen Zügen, in vielen Fällen, gut vertragen.

Bei Franziska habe ich mit einem chirophonetisch durchgeführten „M" begonnen. Das „M" ist ein Laut, bei dessen chirophonetischer Durchführung das Kind seine Leibesgrenzen durch die Berührung deutlich erlebt. Zudem wirkt das „M" fördernd auf die Ausatmung und hilft, sich besser entspannen zu können. Ich strich es ihr, anfangs über die Kleider, während sie auf einem Kinderstühlchen saß.

Am Einfachsten ist es, die Behandlung auf einer Massagebank durchzuführen. Das wollten wir Franziska aber vorerst nicht zumuten. Bekam Franziska das „M" gestrichen, hörte sie bald auf, zu schreien und konnte sich auf das einlassen, was sie nun wahrnahm. Ich lehrte Frau M. diese, nun speziell auf Franziska ausgerichtete, therapeutische Methode, und sie konnte zuhause damit arbeiten. Franziska ließ auch die Berührung ihrer Mutter zu, und somit hatten wir einen Zugang zu ihr gefunden.

Ein Jahr arbeiteten wir auf diese Weise intensiv zusammen. Nach und nach stellten sich kleine Erfolge ein. Franziska war bald dazu bereit, sich auf die Massagebank zu legen. Das wies auf ein zunehmendes Vertrauen hin und nährte die Hoffnung auf einen Fortschritt in der Beziehungsentwicklung. Der nächste Schritt war, dass Franziska sich auf dem Arm tragen ließ, solange sie die objektive Berührungsabsicht spürte.

Dann folgten erste, ganz kurze Blickbegegnungen zwischen Franziska und ihrer Mutter. Der früher „leere" Blick wurde nun zu einem Blick, in dem Franziska ganz zaghaft und schüchtern zu erleben war. Ab diesem Zeitpunkt war es auch möglich, ihr sehr behutsam mit „subjektiver Berührungsabsicht" zu begegnen.

Noch immer hatte Franziska ihre Schreiphasen, die von Frau M. aber leichter hingenommen werden konnten, weil sie ihre Tochter inzwischen auch anders kennen gelernt hatte. Das war das Wesentliche: Es gab Begegnungsmomente und Handlungsmöglichkeiten, auch wenn Franziska schrie. Man konnte sie dann auf den Arm nehmen, wo sie sich bald beruhigte.

Wie Franziska gezeigt hat, braucht die Begegnung im Blick vor allem Vertrauen. Das geschieht über das geduldige Hineinführen des Kindes in seine basalen Sinne und damit in die Eigenwahrnehmung. Dort entsteht das für jede Beziehung notwendige Fundament, und erst auf dieser Grundlage kann Begegnung auch im Blick stattfinden, die - Ich zu Ich - Begegnung.

Justus

Der verschwommene Blick

Ich lernte Justus kennen, als er zwölf Jahre alt war. In seiner gesamten Entwicklung war er stark retardiert. Justus war übergewichtig. Er zeigte sich immer freundlich und wenn er sprach, verstand man ihn kaum, da er viele Laute nicht richtig artikulieren konnte. Sprach man ruhig mit ihm, konnte Justus das gut verstehen. Am liebsten saß Justus auf einer Bank im Flur und beobachtete, was dort vor sich ging. Manchmal nickte er im Sitzen ein, und wenn man ihn aufweckte, hatte man den Eindruck, es war ihm unangenehm, dass er bei seinem Nickerchen ertappt worden war.

Justus ging immer nur sehr widerwillig mit spazieren. Es machte ihm offensichtlich große Mühe, seinen schweren Leib in Bewegung zu bringen. Er schwitzte schon bei geringster Anstrengung, und beim Treppen Steigen zog er sich mühsam am Geländer hoch. Aufforderungen, die an ihn gerichtet waren, ging er mit größter Liebenswürdigkeit und eiserner Konsequenz aus dem Weg. Wenn ich neben Justus saß und mit ihm sprach, hielt er den direkten Blickkontakt immer nur Bruchteile von Sekunden aus. Dann schaute er zur Seite, lächelte und rieb sich die Hände.

Dabei hielt er den Mund immer etwas geöffnet, sein Blick wirkte verschleiert und erinnerte an einen soeben erwachten Menschen, der die Augen öffnet. Bei einem gesund entwickelten Kind löst sich die Verschleierung des Blickes nach dem Schlafen schnell auf und weicht dem klaren, offenen, wachen und fokussierenden Blick.

Justus konnte nicht bis zur völligen Wachheit durchdringen, sondern blieb im Moment des Wachwerdens stecken. Seine Aufbau- bzw. Vitalkräfte waren so stark, dass sich der Leib zu schwer entwickelte und auch der Kopf von diesen übermäßigen Aufbaukräften so überflutet wurde, dass es ihm nicht gelang, zur Klarheit des Denkens durchzudringen.

Rudolf Steiner beschreibt im Heilpädagogischen Kurs (15) einen Kindertyp mit diesen Problemen und weist darauf hin, dass in diesen Fällen die Leiblichkeit so verhärtet ist, dass sich das seelisch-geistige Wesen des Kindes nicht genügend in diesem Leib inkarnieren kann. Das hat zur Folge, dass auch die Bewusstseinskräfte, die immer eine abbauende Wirkung haben, nicht zur Entfaltung kommen können und somit der Aufbau ohne Gegenpol ständig dämpfend auf das Kind wirkt.

Das mangelhafte Eingreifen der Individualität in die verschiedenen Sinnesfelder hat zur Folge, dass die vorher beschriebenen basalen Sinne nur schwach zur Identifikation mit der eigenen Leiblichkeit beitragen. Die basalen Sinne bilden aber auch das Fundament für die Entwicklung des Denkens und Verstehens. So war es auch bei Justus. Er konnte, bildhaft gesprochen, die Tore zu den grundlegenden Sinnen nur eine Spaltbreit öffnen. Aber die Beschreibung dieser Entwicklungsstörung wird belanglos im Hinblick auf sein offenes, liebes Wesen. Justus nahm jeden Menschen bedingungslos vertrauensvoll an.

Immer schenkte er einem etwas von seiner Freundlichkeit, und ich bin sicher, dass er in seinem Leben noch nie einer Fliege etwas zuleide getan hat. Diese Eigenschaften trugen eine seelische Größe in sich, vor der man Achtung entwickeln konnte. In mancher Hinsicht war Justus vorbildlich. Ein aufgebrachtes Kind beruhigte sich in seiner Nähe oft schneller als in Gegenwart des Erwachsenen. Die Ruhe, die er während schwerer epileptischer Anfälle seines Freundes ausstrahlte, wirkte auch auf uns zurück.

Eines Tages entschlossen wir uns, Justus´ Gewicht durch eine Diät zu reduzieren. Zeitgleich achteten wir auf seine Bewegungsaktivierung. Ausgedehnte Spaziergänge, Ballspiele und Physiotherapie standen auf dem Programm. Das Ziel war es, die zu stark wirkenden Aufbaukräfte des Stoffwechselpols durch Diät und Bewegung abzuleiten, um den Kopf freier zu bekommen. Das war eine harte Zeit für Justus, aber er stand diese Diätphase gut durch und beklagte sich nie.

Die Wirkung dieser Aktion war gut. Es fiel Justus leichter, in Bewegung zu kommen, seine Sprache wurde deutlicher, und zeitweise wich der verschleierte Blick einem klareren Augenausdruck, in dem Justus deutlicher wahrnehmbar wurde. Die Erlebnisse mit Justus liegen lange zurück. Seinen Blick werde ich nie vergessen. Justus hat mir gezeigt, dass Behinderung niemals identisch mit der Individualität ist, sondern nur ein Thema von ihr. Dafür danke ich ihm.

Roberto

Der widersprüchliche Blick

Roberto war knapp sechs Jahre alt, als mit ihm im Hinblick auf die bevorstehende Einschulung ein Test durchgeführt wurde.

Das Ergebnis war die Empfehlung, ihn an einer Schule für „Geistig Behinderte" anzumelden. Der Grund für das Testergebnis war nachvollziehbar. Die gesamte Entwicklung Robert`s war verzögert. Aufgrund einer Fehlstellung des linken Auges trug er eine Brille. Frei gehen konnte er erst mit zwanzig Monaten. Seine Eltern kamen aus Italien, waren beide beruflich sehr eingespannt und wollten, dass er zweisprachig aufwachse. Roberto konnte sich weder deutsch noch italienisch in grammatikalisch richtigen Sätzen ausdrücken. Er verstand aber viel mehr, als er sprachlich aktiv zum Ausdruck bringen konnte.

Das größte Problem aber war seine massive Unruhe, verbunden mit allabendlichen Einschlafstörungen. Darunter litt die ganze Familie, besonders aber Robertos damals zweijährige Schwester, die beim Spielen oft von ihm gestört wurde und die zuschauen musste, wie so manches Spielzeug durch ihn kaputt ging. Am Spiel mit anderen Kindern zeigte er wenig Interesse.

Als ich ihm das erste Mal begegnete, schaute er mich mit seitlich gebeugtem Kopf, wie prüfend, an. Mir fiel die große Diskrepanz auf zwischen seinem direkten, klaren Blick, der trotz der Augenfehlstellung ganz im Hier und Jetzt war und die Präsenz seiner Persönlichkeit ausstrahlte und andererseits sein nur geringes sprachliches Ausdrucksvermögen und die vibrierende Unruhe.

Auf meine Fragen antwortete er zögernd mit ja, nein oder Schulterzucken. Roberto malte gerne, was eigentlich gar nicht zu seiner Unruhe passte, denn wenn er malte, konnte er auch für ein paar Minuten sitzen bleiben. Sein erstes Bild bei mir war eine Aneinanderreihung farbiger Flächen. Während des Malens schaute er mich zwischendurch an, wie wenn er eine Bestätigung bekommen wollte, dass es so richtig ist, was er da mache.

Beim Ball spielen, Ein-Bein-Hüpfen, Balancieren auf einer Kordel und einem Turmbau mit großen Bauklötzen fielen mir Unsicherheiten in Robertos Gleichgewicht auf. Ich hatte den Eindruck, dass er ständig unter Druck stehe und Angst davor habe, etwas falsch zu machen. Seine Augen „sprachen" weit mehr, als er verbal äußern konnte. Mit ihnen kommunizierte er ständig.

Ich empfahl Robertos Eltern, mit der Einschulung noch ein Jahr zu warten und die Zeit für eine intensive heilpädagogische Arbeit zu nutzen. Die bereits beschriebene Widersprüchlichkeit zwischen einem wachem Blick, in dem die Individualität wahrnehmbar ist, und der festgestellten zurückgebliebenen Entwicklung, erlebte ich nun als Phänomen auch bei Roberto.

Manchmal kann man den Eindruck haben, als wenn das Kind in seinem Kopf stecken bleibt und der Leib unzugängliches, fremdes Terrain bedeutet. Wie kann es sein, dass ein Kind, warum auch immer, seinen Leib nicht richtig durchdringen kann und trotzdem hellwach mitbekommt, was in seiner Umgebung geschieht? Ich stelle mir vor, dass bei manchen dieser Kinder eine rege innere Nachahmung entsteht, die bis ins kleinste Detail nachvollzieht, was äußerlich nur über den Kopf wahrgenommen wird.

Das hat zur Folge, dass ein ausgeprägtes Verständnis für viele Zusammenhänge und praktische Tätigkeiten entsteht, deren äußere Umsetzung aber aufgrund der im Leib liegenden Hindernisse, der sog. Behinderung, nicht gelingt. Darum wirkt allein das Zuschauen von Eurythmie stärkend und gesundend auf das Kind. Es vollzieht, je nach Auffassungsvermögen, innerlich intensiv das nach, was es auf der Bühne sieht.

Diese innerliche Bewegungsmöglichkeit findet im ätherischen Leib statt. So wird verständlich, dass auch Kinder mit schweren Körperbehinderungen, ohne die eigentlich erforderlichen leiblichen grob- und feinmotorischen Voraussetzungen, Sprache entwickeln können. Ich gehe davon aus, diese Kinder integrieren gesehene feinmotorische Tätigkeiten durch inneren Nachvollzug auf der ätherischen Ebene so stark, dass dieser ätherische Impuls für ein physisches Artikulationsvermögen, je nach Voraussetzung mehr oder weniger deutlich vernehmbar, sich entwickeln kann.

Bei Roberto hatte ich den Eindruck, dass durch sein Schielen seine räumliche Wahrnehmung irritiert war und hierin ein Grund lag, dass der Gleichgewichtssinn labil blieb und die erforderliche Sicherheit für das Gehen nicht vermitteln konnte. Das verspätete aufrechte Gehen führte zu einer verlangsamten und verunsicherten „Eroberung" des Eigenbewegungssinnes und in der Folge zu einer verzögerten Sprachentwicklung. Dazu kam die Zweisprachigkeit, die Roberto offensichtlich überforderte und irritierte. Seine Unruhe führte ich darauf zurück, dass Robertos Bewegungswille durch die Gleichgewichtslabilität lange wie gestaut wurde und sich durch ziellose Aktionen zu befreien suchte.

Ich stelle die Hypothese auf, dass die Bewegungsunruhe ein Sprachbewegungsimpuls am falschen Platz ist und gehe davon aus, dass mit zunehmender Sprachentwicklung die Bewegungsunruhe sich gleichermaßen zurückbilden wird. Schließlich bin ich mir sicher, dass Roberto, wach, wie er schon immer war, früh merkte, dass er manches nicht so kann wie seine Spielkameraden im Sandkasten und so den Rückzug wählte.

Versuche ich ein Bild zu finden für den Widerspruch zwischen dem Ich-präsenten Blick und der Unfähigkeit, den Leib als Instrument nutzen zu können, so denke ich an einen Menschen, der im Auto sitzt und davonfahren will. Aber er vermag die vielen Hebel, Tasten, Knöpfe und Schalter nicht zu bedienen, so dass er stehen bleibt und nur rausschauen kann. Wir standen vor der Aufgabe, Roberto in der Nachreifung, insbesondere des Bewegungs- und Gleichgewichtssinnes zu unterstützen, um seiner Sprach- und der daraus hervorgehenden Denkentwicklung eine sichere Grundlage zu schaffen. Die in unserer Praxis mit ihm durchgeführten Gleichgewichts- und Geschicklichkeitsübungen wurden auch zuhause von den Eltern übernommen.

In dieser Zeit lernte Roberto Fahrrad fahren. Zu unserer Überraschung äußerte er seinen Eltern gegenüber den Wunsch, nicht mehr italienisch sprechen zu wollen. Für die Eltern und Großeltern war es keine leichte Entscheidung, Roberto diesen Wunsch zu erfüllen. Als sie sich dazu durchgerungen hatten, von ihm keine italienische Sprache mehr zu fordern, machte er Sprünge in seiner Sprachentwicklung. Inzwischen hat er in seiner intellektuellen Entwicklung gute Fortschritte gemacht.

Er versteht die Regeln klassischer Brettspiele wie Halma oder Mensch Ärgere Dich Nicht und wird auch im grammatikalisch richtigen Sprachausdruck sicherer. Ein erneuter Test nach einem Jahr hatte zum Resultat, dass Roberto eine Förderschule besuchen sollte, was inzwischen auch geschieht.

Zur Zeit geht er regelmäßig zur Reittherapie, um das Gleichgewicht weiter zu stabilisieren. Die Diskrepanz zwischen Robertos Blick und seinem Handlungsvermögen verringert sich.

Im Folgenden möchte ich weitere heilpädagogische Übungen beschreiben, die dem Kind helfen sollen, sich willentlich besser mit dem Sehsinn verbinden zu können. Dabei werde ich auf Widerstände eingehen, die das Kind daran hindern, sich den „Raum" des Sehsinns zu erobern. Zwei Aspekte stehen dabei im Vordergrund: Das Gesehene wird nicht verstanden, das räumliche Sehen ist unsicher ausgebildet.

Stefanie

Mangelndes Weltverständnis

Während der heilpädagogischen Begleitung eines achtjährigen Mädchens mit einer Microcephalie (pathologische Kleinköpfigkeit), ich nenne sie hier Stefanie, fiel es mir schwer, auch nur etwas Ruhe und Struktur in unsere Stunden hineinzubekommen. Stefanie konnte nicht sprechen und verstand vermutlich auch Sprache nicht. Hielt man sie nicht an der Hand, rannte sie ziellos im Raum umher, wobei sie wahllos irgendetwas in die Hand nahm, flüchtig ansah und irgendwo wieder abstellte.

Ich habe einen kleinen Eimer mit einem Henkel. Stefanie klappte den Henkel hin und her, freute sich offensichtlich an dem dabei entstehenden Geräusch, ließ plötzlich den Eimer fallen und rannte auf etwas anderes zu. Dabei fiel ihr Blick im Vorbeilaufen auf einen Fussel des Wollteppichs, den sie in den Mund nahm und weitereilte. Stefanie wirkte wie getrieben, wenn sie von einem Seheindruck zum anderen eilte, das Gesehene in seinem Sinnzusammenhang aber nicht verstand. Wie es das Beispiel des Eimerhenkels zeigt, blieb sie in der Wahrnehmung für Details stecken. Die Funktion des Eimers verstand sie nicht.

Die „Leere" ihrer, vermutlich chaotischen, visuellen Wahrnehmung, die nie zu Vorstellungen führte, und der fehlende Sprach- und Gedankensinn ließen ein Begreifen der Welt nicht zur Entfaltung kommen. Stefanie hörte zwar ein plötzlich auftretendes Geräusch wie das Klatschen der Hände, das Hören der Sprache aber blieb ihr verschlossen. Es stellten sich die Fragen, wie man sie von dem überbetonten Sehraum in den Hörraum hineinführen kann und wie aus dem geschaffenen Ruhemoment heraus der Seheindruck konzentrierter aufgenommen werden kann, um einen Sinnbezug herstellen zu können.

Der Sehraum liegt vor uns, der Hörraum hinter uns. Um bei Stefanie das Sehen zu beruhigen und das Hören zu aktivieren, bat ich ihre Mutter, sich auf einen Stuhl zu setzen, der hinter dem Stuhl Stefanies stand. Stefanie saß so, dass ihr Blick in die Ecke des Raumes gerichtet war. Dort stand ein Tischchen und auf diesem eine kleine Blumenvase. Ansonsten gab es vor ihr, bis auf die Wände, nichts weiter zu sehen. Ich achtete darauf, dass die Vorhänge zugezogen waren, um in dem leicht abgedunkelten Zimmer jede Ablenkung zu vermeiden. Ich stand hinter Stefanie und ihrer Mutter und spielte einzelne Töne auf der Kantele, einem pentatonisch gestimmten Saiten-instrument. Daraufhin bewegte ich mich im Raum, während ich weiter spielte. Diese Situation dauerte etwa zwei Minuten, dann beendeten wir die Hörübung und Stefanie durfte wieder aufstehen. Das Öffnen des Hörraumes setzt voraus, dass das Kind zur Ruhe kommt und auch die Bewegung zurückgehalten wird. Bei Stefanie konnten wir nur kurze Zeiträume für die Hörübungen ansetzen, um sie nicht zu überfordern. Wichtig war, dass sie diese zwei Minuten konzentriert dabei sein konnte und in dieser Zeit die Töne auch wirklich bei ihr „ankamen".

Die Hörübung wurde fester Bestandteil unserer Stunden. Nach einer daran anschließenden kurzen Pause setzte ich mich mit Stefanie an einen Tisch, um mit ihr zu spielen. Ich rollte ihr einen Ball zu, den ich mit Handführung wieder in meine Richtung bewegte. Ich zeigte auf den Ball und sprach dazu „das ist der Ball". Wenn ich gesprochen hatte, war ich danach völlig ruhig, um ein Erlebnis von Stille zu schaffen. Ich habe das Gefühl, dass dadurch das gesprochene Wort viel mehr zur Geltung kommt, als wenn ich mich unentwegt wiederhole.

Ich achtete darauf, dass Stefanie nach dem Spiel den Ball nur anschaute, aber nicht anfasste. Somit war ein Abstand gewährleistet, der die Erkenntnis „ich bin hier – da ist der Ball" unterstützen sollte. Den Wechsel zwischen Aktivität im Spiel und Ruhe im Anschauen des Gegenstandes wiederholten wir solange, wie Stefanie ganz dabei sein konnte. Dann beendeten wir die Übung. Oft stellten wir uns an das Fenster meines Praxisraumes. Ich zeigte mit dem Finger auf den Baum, der draußen im Garten stand und erzählte ihr etwas von ihm.

Ich erlebte es als Fortschritt, dass Stefanie während der Übungen manchmal innehalten konnte und ich mich in diesen Momenten, auch durch ihren Blick, wahrgenommen fühlte. Sie konnte für kurze Zeit die rastlosen, chaotischen Bewegungen sein lassen und aufmerksam werden auf das, was ich ihr zu vermitteln versuchte.

Wenn sie auch kein Wortverständnis entwickeln konnte, so doch zumindest ein Sinnverständnis für Seheindrücke, die mit Essen zu tun hatten, sie konnte Nahrungsmittel als solche identifizieren. In diesem Stadium endete unsere Arbeit, weil Stefanie mit ihren Eltern aus unserer Gegend wegzog.

Jan

Unsicherheit im räumlichen Sehen

Jan hatte schwierige Voraussetzungen, sich als Kind die Welt zu erobern. Aufgrund einer ausgeprägten Fehlbildung einer Hüfte, war er von seinem zweiten bis vierten Lebensjahr immer wieder bettlägerig, also in der Lebensphase, in welcher das Kind durch die Entwicklung seiner basalen Sinne die Fähigkeit zur Identifikation mit dem eigenen Leib erwirbt. Es entwickelt somit seine Körpergeschicklichkeit, die ihm seine sichere Bewegung in die Welt ermöglicht. Sein Gleichgewicht war labil, nur ungern balancierte er auf einem Baumstamm, und wenn er auf einen Stuhl klettern sollte, bekam er Angst. Jans unsichere Sinnesentwicklung hatte auch zur Folge, dass er sowohl grob- als auch feinmotorisch ungeschickt blieb.

Er machte die Erfahrung „ich kann mich auf meinen Leib nicht verlassen" und konnte so nie ein gesundes und starkes Selbstvertrauen entwickeln. Bastelarbeiten waren ihm ein Gräuel und später in der Schule hatte er größte Mühe mit Mathematik und Geometrie. Um zu rechnen und geometrische Vorstellungen bilden zu können, ist es notwendig, sich eine gut ausgebildete Körperorientierung und Sicherheit im Erfassen der Raumesdimensionen erworben zu haben.

Der Zusammenhang zwischen Körper und Zahlen wird daran deutlich, dass Kinder durch die Zuhilfenahme der Finger sich den Zahlenraum bis zehn erobern und noch lange bei Kopfrechenaufgaben die Finger zu Hilfe nehmen. Für ein Verständnis der Geometrie ist das sichere Stehen in den Raumesdimensionen notwendig. Die Sicherheit im Erleben des Raumes beruht auf dem Zusammenwirken des Eigenbewegungssinnes und des Gleichgewichtssinnes.

Bestehen innerhalb dieser Sinnesfelder aufgrund erschwerter Entwicklungsbedingungen Unsicherheiten, so ist das Erleben des Raumes eingeschränkt. Bei Jan war es so, dass er den nächtlichen Sternenhimmel wie eine gerade, überdimensionale Zimmerdecke erlebte und nicht das gewölbte Himmelszelt. Die Hausaufgabe, eine Allee perspektivisch genau abzuzeichnen, überforderte ihn. Diese Art von Wahrnehmungsirritationen kann man Teilleistungsschwächen nennen, die die schulischen Leistungen erheblich verschlechtern. Dennoch sind diese Kinder normal begabt und können intellektuell auf anderen Gebieten durchaus hohe Leistungen erbringen.

Viele kleinen Niederlagen des Alltags, zuhause, wenn er aufgrund seiner Ungeschicklichkeit den Faltpapierflieger wieder nicht zum Fliegen brachte oder in der Schule, wo Mathematik als Horrorfach des Versagens zur ständigen Bedrohung wurde, hatten Jans Selbstwertgefühl so gut wie zum Erliegen gebracht.

Es war für ihn im Alter von zwölf Jahren ein großes Glücksgefühl, als er von seinem Sportlehrer, der ihn sonst immer links liegen ließ, während des Schwimmunterrichtes vor allen anderen wegen seines guten Stils im Brustschwimmen gelobt wurde. Dieses Lob verlieh ihm regelrecht Flügel, und er setzte alles daran, noch besser und schneller schwimmen zu lernen.

Das Problem Jans wurde erst spät genauer angeschaut. Er war schon ein Jugendlicher mit siebzehn Jahren, als der Zusammenhang zwischen seiner körperlichen Entwicklung und den schulischen Leistungen, die ihn seelisch immer mehr belasteten, erkannt wurde. Jan fand dann den Weg zu mir, und ich konnte seine Entwicklung über mehrere Jahre hinweg verfolgen. Die Nachreifung der unteren Sinne war ein großes therapeutisches Übungsthema.

Ein weiteres Ziel unserer Arbeit war, sein Selbstwertgefühl aufzubauen. Das sollte geschehen durch das Aufmerksamwerden auf bereits vorhandene und die Entwicklung neuer Fähigkeiten. Einen Zugang zu Mathematik und Geometrie bekam Jan erst mit etwa 19 Jahren. Was ihm früher als „Buch mit sieben Siegeln" verschlossen blieb, konnte er nun in kurzer Zeit verstehen und nachholen. Zwei Jahre später machte Jan in einer sternenklaren Sommernacht die ihn fast überwältigende Entdeckung, dass das Himmelszelt keine flache Decke ist, sondern eine gewölbte Form hat. Ich habe Jans Entscheidungsprozess für einen therapeutischen Beruf miterlebt, und wir sind bis heute noch miteinander in Verbindung.

Menschen, die blind sind

Man sieht nur mit dem Herzen gut.
Antoine de Saint-Exupery

Bisher wurde die Aufmerksamkeit auf den Blick der Augen aus der Sichtweise der Sehenden beschrieben. Was ist aber, wenn ein Mensch blind ist und nicht die Fähigkeit hat, mit Hilfe seiner Augen durch den Blick des anderen etwas von dessen Wesen zu erfahren? Eine beeindruckende Schilderung der Erfahrungswelt des Blinden gibt Jacques Lusseyran in seinem Buch „Ein neues Sehen der Welt" **(16)**. Drei Textpassagen aus diesem Buch und eine Ausführung Rudolf Steiners über die Blindheit können zu einem Verständnis der Wahrnehmungswelt des blinden Menschen beitragen.

Jacques Lusseyran:

„Alle unsere Sinne, so glaube ich, vereinigen sich in einem. Sie sind die aufeinanderfolgenden Vorgänge einer einzigen Wahrnehmung; und die Wahrnehmung ist immer die einer Berührung. Deshalb kann auch das Gehör das Sehen ersetzen und das Sehen das Tasten. Deshalb ist kein Verlust unersetzbar.

Ich komme dazu, mich zu fragen, ob das, was wir Aufmerksamkeit nennen, nicht die psychologische Form dieses fundamentalen Kontaktes ist, und zwar gleichzeitig die gefühlsbedingte wie die intellektuelle; ob nicht die Aufmerksamkeit eine Art Berühren ist.

Ein Blinder befindet sich in einem Zimmer; ein Mann kommt herein, setzt sich und spricht nicht. Kann der Blinde ihn kennenlernen? Der gesunde Menschenverstand sagt: nein. Aber ich bin nicht sicher, ob dieser gesunde Menschenverstand recht hat. Denn der Blinde kann seine Aufmerksamkeit anspannen. Er kann sich so aufschließen, dass dieser unbewegliche Mensch sich ihm nähert. Er kann nach und nach, leise und ohne sich irgendwie zu bewegen, alle Hindernisse aus dem Weg räumen, die ihn von dem anderen trennen und die in unserem Innern bestehen, und er beginnt die Erscheinung dieses Menschen in sich aufzunehmen".

„Die Sehenden begehen nämlich einen seltsamen Irrtum: Sie glauben, dass wir die Welt nur durch unsere Augen kennen. Ich meinerseits entdeckte, dass das Universum aus Druck besteht, dass jeder Gegenstand und jedes lebendige Wesen sich uns zuallererst offenbart durch eine Art sehr ruhigen und eindeutigen Druck, der uns seine Absicht und seine Form verrät.

Mir begegnete sogar folgende wunderbare Einzelheit: Eine Stimme, die Stimme eines Menschen, lässt diesen Menschen in einer Zeichnung erstehen. Wenn die Stimme eines Menschen mich erreicht, nehme ich sogleich seine Gestalt, seinen Rhythmus und die meisten seiner Absichten wahr. Ja, sogar die Steine lasten aus der Distanz auf uns und auch die unregelmäßigen Linien der Berge in der Ferne und die plötzliche Vertiefung eines Sees am Grunde eines Tales. Das stimmt so genau, dass ich, eingehakt am Arme eines Freundes auf den Wegen der Alpen wandernd, die Landschaft kannte und sah und sie manchmal mit einer erstaunlichen Genauigkeit beschreiben konnte."

Im weiteren Verlauf beschreibt J. Lusseyran, wie er während des zweiten Weltkrieges, als Paris sich unter der Besetzung der Nationalsozialisten befand, eine Gruppe der Widerstandsbewegung gründete:

„Ich habe mehrere hundert junge Leute, hauptsächlich Studenten, um mich versammelt. Wir haben eine Untergrundzeitung verfasst und veröffentlicht. Vor allem haben wir kleine Aktionsgruppen gebildet, die eines Tages die Kader einer nationalen Bewegung abgeben könnten.

Und in der Tat habe ich am Anfang des Jahres 1943 meine sechshundert Kameraden endlich mit der Bewegung „Defense de la France", einer der fünf wichtigsten nicht kommunistischen Gruppen der Widerstandsbewegung, vereinigen können. Ich wiederhole es: ich bin nicht sicher, dass es mir ohne die Blindheit gelungen wäre.

Denn es ist der blinde Chef, den alle Kameraden in mir gewählt haben, ihm haben sie geglaubt. Ich hatte von der ersten Stunde an die volle Verantwortung der Anwerbung auf mich genommen. Jeder neue Bewerber wurde mir vorgestellt, mir und mir ganz allein.

Ich sprach lange Zeit mit ihm. Ich richtete den besonderen Blick auf ihn, den die Blindheit mich gelehrt hatte. Es fiel mir viel leichter als jedem anderen, ihn seines Anscheins zu berauben. Seine Stimme brachte sein Wesen zum Ausdruck, und manchmal verriet sie ihn. Dieses innere Leben, das das Schicksal mich gezwungen hatte, so früh und so vollkommen zu entdecken – endlich konnte ich davon Gebrauch machen."

In einem Aufsatz von Elisabeth Löwe über „Erfahrungen aus der Erziehung und dem Unterricht zurückgebliebener blinder Kinder" (**17**) wird die innere Haltung des Sehenden gegenüber dem Blinden von Rudolf Steiner in einem Brief vom 12. Juli 1915 angesprochen, den ich hier wiedergeben möchte.

R. Steiner verwendet in diesem Brief mehrmals den Begriff „Krüppel", der im damaligen Sprachgebrauch, im Gegensatz zu heute, keine entwertende Bedeutung hatte, sondern als Fachbegriff für Menschen mit einer Körperbehinderung verwendet wurde.

„Es erscheint mir wichtig, dass derjenige, welcher mit Krüppeln zu tun hat, vor allem das eigene Bewusstsein richtig einzustellen weiß. Ich habe stets bemerkt, dass ich sofort das Vertrauen eines irgendwie gebrechlichen oder verkrüppelten Menschen hatte, wenn ich das Augenmerk darauf richtete, dass ja nur der physische Körper das Gebrechen hat, dass aber die dem physischen Körper zugrunde liegende Geistgestalt voll intakt ist.

Für mich ist diese Geistgestalt eben eine Realität, geisteswissenschaftlich so nachweisbar wie für den Chemiker im Wasser der Wasserstoff. Der Krüppel hat ein feines Fühlen dafür, ob man ihm gegenüber im Bewusstsein seine physischen Mängel oder seine leiblich-physische Ganzheit hat. Sein Fühlen reagiert fein auf das Gedankenbild, das der ihm Gegenüberstehende von ihm hat.

Nun liegt aber gerade darin eine ganz bestimmte Schwierigkeit. Ich habe diese sehr genau beobachten können, wenn ich mit Blinden zu tun hatte. Mit Blinden muss man in der Unterredung jede Anspielung auf Erlebnisse, die nur dem Sehenden zugänglich sind, vermeiden. Dies ist aus dem Grunde schwierig, weil es bei dem Vermeiden gerade auf die feineren Nuancen in der Wortprägung ankommt. Man muss ganz auf einem Boden bleiben, der die Wahrnehmfähigkeit und Wahrnehmungswelt des Blinden trägt.

Nun muss man dies aber so zustande bringen, dass man in sich nicht selbst immer mit dem Gedanken arbeitet, dies oder jenes musst du vermeiden, denn dabei taucht der Gedanke an die Blindheit des Blinden auf, und das eben soll ja nicht sein. Man muss daher im Verkehr mit Blinden eine besondere Art sich auszusprechen haben, auf die man sich ganz wie von selbst – wie auf eine Gewohnheit – im Verkehr mit den Blinden einstellt. In Bezug auf alles dieses ist kein beträchtlicher Unterschied zwischen Blindgeborenen und Blindgewordenen.

Die letzteren verstehen einen ja, auch wenn man Sehvorstellungen zugrunde legt; allein es wirkt auf sie eben ungemein seelisch heilsam, wenn man es unterlässt.

Nur darf man dabei auch nicht den Gedanken eines sich über-den-Blinden-Stellens haben. Mit Bezug auf Verkrüppelte im allgemeinen ergibt sich, dass mit der Verkrüppelung eine Anlage für eine geistige Auffassung der Welt eintritt. Gewiss: Diese kann unbemerkt bleiben für die Umgebung des Krüppels ... aber sie ist da."

Zum Abschluss dieses Kapitels möchte ich die Aussage R. Steiners zur Anlage einer geistigen Auffassung der Welt aus der Perspektive des blinden Menschen mit einer persönlichen Erfahrung unterstreichen.

Als Jugendlicher lernte ich einen Masseur kennen, der blind war. Neben seiner hervorragenden Technik zu massieren und Bäder und Wickel zu verabreichen, so dass man sich immer rundum bestens bei ihm aufgehoben fühlte, hatte er vor allem die Fähigkeit, treffsicher die aktuelle seelische Verfassung seiner Patienten zu beschreiben, ohne dass er zuvor irgendwelche Informationen haben musste. Entwickelte sich dann über diese seelische Verfassung ein Gespräch, konnte er einem treffsicher aus seiner Lebenserfahrung und seinem hochsensibelen Einfühlungsvermögen heraus immer etwas Wertvolles, Entwicklungsförderndes mit auf den Weg geben.

Der Böse Blick

„Sie haben Augen und sehen nicht, sie haben Ohren und hören nicht."
Psalm 115,

In verschiedenen Gegenden Süd – und Südosteuropas, aber auch im vorderen Orient, lebt heute noch der Glaube an eine, von bestimmten Personen ausgehende, negativ – magische Wirkung ihres Blicks. In Süditalien ist es der gefürchtete „Jetatore". Menschen, denen die Fähigkeit des sogenannten „bösen Blicks" unterstellt wird, seien dazu in der Lage, anderen Menschen, aber auch dem Vieh und der Ernte Schaden, Unglück, Krankheit und Siechtum zuzufügen. Wer durch den „bösen Blick" erkrankte, bei dem versagt jede ärztliche Heilkunst, so der Glaube oder Aberglaube.

In einem Vortrag vom 13.12.1922 **(18)** spricht Rudolf Steiner über dieses Phänomen:

„Beim Auge ist es aber so, dass wir nicht bewusst sprechen. Wir müssten schon ganz raffinierte Kerle sein, wenn wir die Sprache des Auges bewusst sprechen. Das geht unbewusst und begleitet dasjenige, wie wir uns sonst verhalten. Aber es geht so weit, dass wenn Sie zum Beispiel nach Süditalien kommen, dann reden die Leute noch von dem „bösen Blick". Da wissen die Leute, dass allerdings ein Mensch, der einen gewissen Blick hat, falsch ist. Und die Leute in Süditalien, die reden durchaus noch von diesem falschen Blicke, weil sie empfinden: Das Auge spricht die ganze Menschennatur aus, von der eigentlich der Mensch nichts weiß. Der Aberglaube dort in Süditalien, der geht sogar so weit, dass man kleine Amulette hat, solche Dinger, die man sich umhängt, die einen beschützen sollen vor dem bösen Blick, weil man sich fürchtet vor diesem bösen Blick der Menschen."

Ein unheilvoller Aberglaube dichtete nach Walter Vogt **(19)** vor allem Menschen mit zusammengewachsenen Augenbrauen, Rothaarigen, Schielenden und auch Menschen mit einem „Buckel" die Eigenschaft des bösen Blickes an. W. Vogt beschreibt an einem Beispiel die unheimliche Wirkung des bösen Blicks:

„Ganz schlimme Begebenheiten ranken sich um den französischen Opernsänger Massol. In Halevis Oper „Jetatore" sang er die Flucharie mit einem geradezu dämonischen Gefühlsausbruch. Der Ruf des „Bösen Blickes" haftete ihm an. Schon die Generalprobe war mitreißend und grauenerregend. Als sein Blick auf eine Choristin fiel, stieß sie einen Schrei aus und sank ohnmächtig zu Boden. Sie erlitt ein heftiges Nervenfieber. Mehrere Monate musste sie im Krankenhaus verbringen. Bei der Erstaufführung gab es wieder ein Opfer. Als Massol nämlich mit einem teuflischen Gelächter seine Arie abschloss, fiel ein Maschinist direkt vor seine Füße, wo er tot liegen blieb.

Bei einer Wiederholung der Oper sang Massol die Arie nicht mehr nach oben, sondern direkt ins Orchester. Dem Dirigenten wurde übel, er konnte die Oper nicht mehr zu Ende dirigieren. Schüttelfrost und ein Herzinfarkt machten seinem Leben ein Ende. Massol selbst war über die Wirkung seines Gesangs erschüttert."

Ein weiteres Beispiel für einen unheimlichen Blick schildert W. Sommerset Maugham in dem Buch „Der Magier". **(20)** Hier wird ein schwarzmagisch wirkender Zauberer, Oliver Haddo, beschrieben: *„Das Merkwürdigste an ihm waren seine Augen. Sie waren nicht groß, doch von einem ungemein blassen Blau und blickten einen auf seltsam verwirrende Weise an … Die Augen der meisten Menschen richten sich, wenn sie einen ansehen, auf einen Punkt. Oliver Haddos Augen aber waren – das mochte angeboren oder eine Gewohnheit sein, die er sich um der Wirkung willen zugelegt hatte – parallel gerichtet. Dadurch hatte man den Eindruck, dass er durch einen hindurchschaute und die Wand hinter einem sah. Es war unheimlich …*

In seinem rätselhaften Blick lag etwas Spöttisches und um den Mund ein höhnisches Lächeln, so dass man nicht recht wusste, wie man seine empörenden Bemerkungen aufzufassen hatte."

Gegen die Wirkung des bösen Blicks wurden verschiedene Gegenmittel erdacht, wie die von R. Steiner erwähnten Amulette. W. Vogt erwähnt in seinem Aufsatz auch Gesten, das Tragen eines goldenen Reifs um den Hals, Salz, das man in der Kleidung mit sich trägt oder magische Sprüche, welche die Wirkung des bösen Blicks aufheben sollen. Im alten Ägypten dienten Perlen dazu, den bösen Blick abzuwehren. In der Türkei begegnet man zur Abwehr des bösen Blickes dem Nazar Boncugu, einem blauen Glasauge. Die Farbe blau wurde gewählt, weil, so der Volksglaube, Menschen mit himmelblauen Augen die stärkste Kraft besitzen, dem bösen Blick zu begegnen.

Zersplitterte das blaue Glasauge, ging man davon aus, dass es einen bösen Blick erfolgreich abgewehrt hat, und es musste nun durch ein neues Glasauge ersetzt werden.

Geht man davon aus, dass der Blick eine Willensbetätigung ist, so ist es vorstellbar, dass durch eine Schulung des Willens der Blick intensiviert werden kann. Wird der durch die Schulung verstärkte Wille im Blick zu selbstsüchtigen Zwecken magisch eingesetzt, insbesondere zur Manipulation anderer Menschen, wird der Grenzbereich zur schwarzen Magie betreten. Es werden aber auch, wie in der Geschichte des Opernsängers Massol, Fälle beschrieben, in denen Menschen, ohne dass sie davon wussten, eine zerstörende Wirkung ihres Blickes nachgesagt wird.

Der Blick in der Literatur

In der Literatur findet man zahlreiche Beschreibungen verschiedener Blickqualitäten. Ich möchte mich hier darauf beschränken, einige Beispiele des Schriftstellers Jakob Wassermann zu zitieren. Jakob Wassermann (10.03.1873 - 1.01.1934) war ein deutscher Schriftsteller jüdischer Herkunft. Seine Fähigkeit, seelische Eigenschaften subtil und einfühlsam zu beschreiben, wird in seinem Roman „Das Gänsemännchen" (erschienen 1915) anhand der Beschreibungen verschiedener Charaktere deutlich. Die diesem Buch entnommenen Zitate stehen in keinem Sinnzusammenhang, sondern sollen als Bild dem Thema „Blick" einen sprachkünstlerischen Ausdruck hinzufügen.

„Plötzlich heftete sie den Blick stumm auf Daniel. Der erhob sich unwillkürlich und packte die Lehne seines Stuhles. Er verfärbte sich und zog die Mundwinkel nervös in die Höhe. Aber als Gertrud ihre Hand aus der des Vaters löste und sie ihm reichte, als er die Hand genommen hatte und sein Auge, machtvoll angezogen, dem ihren begegnete, wich der beklemmende Druck, denn was er in ihren Augen las, war eine rückhaltlose und unwiderrufliche Übergabe ihrer ganzen Person. Da wurde auch sein Blick sanft und dankbar und hatte einen schwärmerischen Glanz."

„Ihr aufmerksamer Blick durchforschte alle Gesichter, und wo ihm eins entschlüpfte, verfolgte er die in den Abend schwindende Gestalt."

„Wie im Nebel gewahrte Daniel, dass das kleine Mädchen an ihn herantrat und ihn mit einem seltsam prüfenden, seltsam ungerührten Blick betrachtete. Beinah hätte er die Hand ausgestreckt, um die Augen des Kindes zuzudecken, dessen Art ihm in einer geisterhaften Vorahnung unheimlich war."

„Alfons Diruf saß an seinem Schreibtisch, als sie eintrat. Er schrieb noch eine Zeile, dann richtete er den Blick starr auf sie. Es war etwas in diesem Blick, was ihr das Blut aus den Wangen trieb. Unwillkürlich schaute sie an sich herab und spürte ihre Haut."

„Was ist mit ihr? Fuhr es Daniel durch den Kopf, da er die seltsame Regungslosigkeit des jungen Weibes gewahrte. Sie war wie verloren in den Anblick ihres Spiegelbildes; ihr Auge hatte etwas Starres, Saugendes und krankhaft Entzücktes."

„Die Flammenbläue in ihren Augen zwang seinen Blick zur Erde. Die Erfahrung war ihm nicht angenehm, dass ihr Blick stärker war als der seine."

„Philippines Simpelfransen hatten eine ungewöhnliche Länge erreicht; sie verdeckten die ganze Stirn und hingen bereits bis an die Wimpern. Infolgedessen hatte der Blick, mit dem sie Gertrud betrachtete, etwas über die Maßen Tückisches."

„Daniel verfolgte sie mit Blicken voll glühendem Zorn. … Gequält durch die Empfindung, dass Daniels Blick an ihrem Rücken haftete, kehrte sich Gertrud um, ging zum Ofen, setzte sich dort hin und legte die Wange an die Kacheln."

„Mit großen, immer größer werdenden Augen hatte Lenore alles dies vernommen. Als sie Daniel anschaute, lag eine gütige, schmelzende Feuchtigkeit in ihrem Blick, und sie lächelte."

„Und plötzlich schämte er sich; schämte sich seiner selbst; zog die Brauen weit in die Höhe und lächelte einfältig; warf einen Blick von beinahe hündischer Zärtlichkeit auf Lenore und eilte ohne Wort und Gruß spornstreichs über die Straße, um alsbald hinter der Ecke zu verschwinden."

„Aber sie merkte, dass dieser Mann sie betrachtete, als sei sie nicht ein junges Weib, das sich bemühte, ihm zu gefallen und seine Sympathie zu erobern, sondern wie eine kuriose Spielart. Es war etwas in seinem Blick, das sie zittern ließ vor Gereiztheit, und auf einmal war in ihren Augen Argwohn und Haß."

„In der Stube führte er sie unter die Lampe und schaute mit ernster Aufmerksamkeit lange in ihr Gesicht. Unter seinem sonderbar grausamen Blick erbleichte sie."

„Und wie die Mutter ihm folgt, wenn er in die Kammer schleicht, und das Ohr an die Tür preßt und hineintritt und die Kerze brennen sieht und zu ihm geht, an sein Bett geht und vor seinen glänzenden Augen erschrickt, die sich bei ihrem Nahen verfinstern.

Und wie sie voll Erinnerung an ihre ernsten Sorgen um ihn, erwartend, dass der Abend und der Anblick ihrer Schwäche ihn willfährig machen wird, noch einmal bittet und fleht. Und wie er sie dann anschaut und gleichsam innerlich zusammenstürzt und zu tun verspricht, was sie fordert."

„Nennt man das Publikum", fragte Daniel, der seine Augen nicht von der Ampel wandte, so wie sie die ihren nicht von der Öde des Spiegels, „diese Familienväter, die Seitensprünge machen, die Ladenschwengel, deren Blicke euch die Kleider vom Leib reißen, diesen Menschenunflat, vor dem Gott sein Angesicht verhüllt, nennt man das so?"

„Sie gab ihm die Hand. Bald sahen sie die Lichter der Stadt. Er geleitete sie ans Haus, aber statt Abschied zu nehmen, schauten sie einander wieder mit verwirrten, suchenden, hilflosen Augen an, beide bleich und stumm."

„Aber irgend etwas war Daniel rätselhaft an ihr. Er wußte nur nicht, was. Reichte sie ihm die Hand, so dünkte es ihm, als gäbe sie nur zum Schein die Hand. Forderte er im Gespräch ihren Blick, so schlug sie wohl das Auge zu ihm empor, doch war es, als zerspalte sich ihr Blick und fließe rechts und links an ihm vorbei."

„Sie tun mir alle so leid", schluchzte Lenore, blickte hinauf und lächelte nun unter Tränen. Benda hätte am liebsten Daniels Arm gepackt und ihm zugerufen: Nun schau sie dir doch mal an!
Daniel schaute sie wohl an, aber er sah sie nicht."

Das Auge in Mythologie, Märchen und Religion

„Aller Augen warten auf dich, Herre, und du gibest ihnen ihre Speise zu seiner Zeit"

Psalm 145,15

In der ägyptischen Mythologie hat das Auge einen besonderen Stellenwert. Horus, der Gott in der Gestalt eines Falken, war der Sohn von Isis und Osiris. Mit seinen Flügeln umspannte er den Himmel und seine Augen erleuchteten die Welt. Das linke Auge war dem Mond zugeordnet, das rechte Auge der Sonne. Seth, der Gott der Dunkelheit, so die Sage, neidete seinem Bruder Osiris dessen Rang und Bedeutung so sehr, dass er ihn tötete. Als Horus seinen Vater rächen wollte, raubte Seth ihm im Kampf das Mondenauge. Thot aber, der Gott der Gerechtigkeit, gab Horus sein Mondenauge wieder zurück.

Horus konnte mit der wiedererlangten Kraft des Mondenauges seinen Vater Osiris wieder zum Leben erwecken. Deshalb wurde von den Ägyptern das Horusauge mit Heilung, Schutz und Macht in Verbindung gebracht. Das als Amulett dargestellte Auge sollte, am Körper getragen oder am Haus befestigt, vor Unglück schützen. Am Sarkophag angebracht, wurde ihm die Fähigkeit zugeschrieben, dem Verstorbenen den Weg ins Jenseits zu weisen.

Augen, Sehen und Blicke sind Motive, die in Märchen häufig auftreten. Sie weisen offensichtlich auf Schwellensituationen hin, in denen der Mensch „sehend" wird.
In Grimms Märchen **(21)** „Rapunzel" stürzt sich der Königssohn aus Verzweiflung vom Turm herunter, in dem er seine geliebte Rapunzel erhofft hatte.

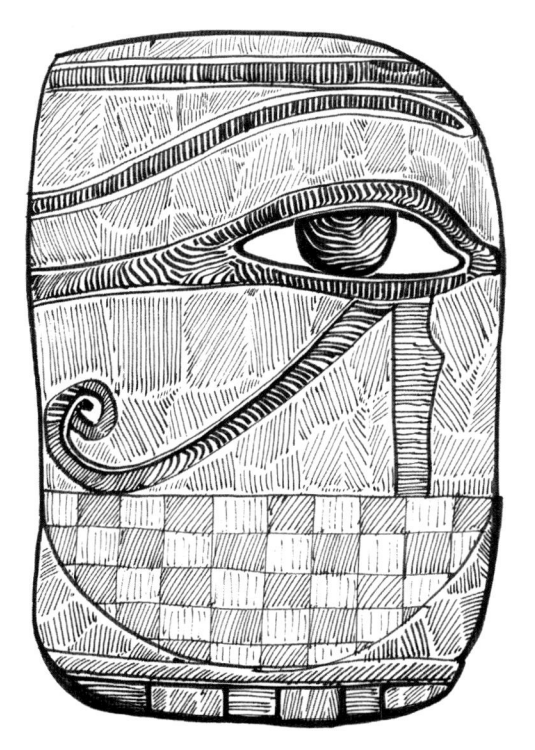

Abb. 36 Das Horus- oder Udjat-Auge

Statt ihrer aber traf er die böse Zauberin an, „die ihn mit bösen und giftigen Blicken ansah." Der Königssohn stürzte in Dornen, die seine Augen zerstachen, sodass er blind im Walde herumirrte. Nach Jahren begegnete er Rapunzel wieder und sie „fiel ihm um den Hals und weinte. Zwei von ihren Tränen aber benetzten seine Augen, da wurden sie wieder klar und er konnte damit sehen wie sonst."

Eine herausragende Schilderung der symbolischen Aussagekraft der Augen findet man in dem Grimmschen Märchen **„Einäuglein, Zweiäuglein und Dreiäuglein"**, das ich in Kürze, von mir zusammengefasst, wiedergeben möchte:

Drei Töchter einer Frau, Einäuglein, Zweiäuglein und Dreiäuglein leben nicht in Frieden miteinander. Zweiäuglein wird von ihren Schwestern verachtet, sie sagen: „Du mit deinen zwei Augen bist nicht besser als das gemeine Volk, du gehörst nicht zu uns."

Denn Einäuglein hatte nur ein Auge mitten auf der Stirn, und Dreiäuglein hatte zwei Augen wie die anderen Menschen auch und dazu das dritte Auge ebenfalls auf der Stirn. Zweiäuglein wurde von ihren Schwestern nicht gut behandelt, bekam nur schlechte Kleidung, wenig zu essen und musste die Ziege hüten.

In ihrem Kummer findet sie Hilfe von einer geheimnisvollen Frau, die Zweiäuglein einen Zauberspruch gibt, durch den sie genügend zu essen bekommt: „Zicklein, meck, Tischlein deck." Und durch einen weiteren Spruch wird bewirkt, dass das Essen, wenn sie satt ist, wieder verschwindet: „Zicklein, meck, Tischlein, weg."

Den Schwestern fällt auf, dass Zweiäuglein abends zuhause das ihm zugewiesene Essen nicht mehr anrührt. Sie werden misstrauisch und wollen beobachten, ob jemand Zweiäuglein beim Weiden der Ziege Essen bringt. Zweiäuglein aber bemerkt die Absicht ihrer Schwestern und bewirkt, dass Einäuglein, die mit auf die Weide ging, um zu sehen, was es mit Zweiäugleins Essen auf sich hat, einschläft und somit zuhause auch nichts berichten kann.

Nun wird Dreiäuglein mit auf die Weide geschickt und dieses mal gelingt es Zweiäuglein nicht, ihre Schwester zum Schlafen zu bringen, auch wenn sie der Überzeugung war, Dreiäuglein schlafe. Dreiäuglein berichtet ihrer Mutter, was sie heimlich beobachtet hatte, worauf die Mutter die Ziege tötet. Wieder hilft die geheimnisvolle Frau Zweiäuglein, indem sie ihr den Rat erteilt, die Eingeweide der Ziege vor der Haustüre in der Erde zu vergraben, …"so wird´s dein Glück sein."

Zweiäuglein setzt den Rat in die Tat um und am nächsten Morgen stand da, wo sie die Eingeweide begraben hatte, … „ein wunderbarer, prächtiger Baum, der hatte Blätter von Silber, und Früchte von Gold hingen dazwischen, dass wohl nichts Schöneres und Köstlicheres auf der weiten Welt war."

Weder der Mutter, noch Dreiäuglein oder Einäuglein gelingt es, einen von den goldenen Äpfeln des Baumes zu pflücken, denn die Äpfel wichen immer vor ihrem Zugriff zurück. Zweiäuglein aber gelingt es, die Äpfel zu pflücken, was die Mutter und ihre Schwestern so neidisch werden lässt, dass sie von da an noch härter mit Zweiäuglein umgehen.

Eines Tages kam ein junger Ritter an ihrem Haus vorbei. Zweiäuglein wurde schnell von ihren Schwestern versteckt, und als der Ritter um einen Zweig des Baumes bat, für den die Schwestern verlangen könnten, was sie wollten, gelang es ihnen nicht, einen solchen abzubrechen.

Indessen macht Zweiäuglein auf sich aufmerksam, und der Ritter spricht ihr das Vertrauen aus, dass es ihr wohl gelingen würde, ihm einen Ast des wunderbaren Baumes abzubrechen. Zweiäuglein hat damit auch keine Mühe und darf zur Belohnung mit dem Ritter auf dessen väterliches Schloss. Dort ward alsbald die Hochzeit gefeiert. Die Schwestern aber blieben mit ihrem Neid zuhause zurück, und auch der Baum war bereits am anderen Morgen wieder verschwunden, um Zweiäuglein zu folgen und vor ihrer Kammer zu stehen.

Zweiäuglein lebte lange Zeit vergnügt und eines Tages, als zwei arme Frauen zu ihr ins Schloss kamen und um ein Almosen baten, da erkannte Zweiäuglein in ihnen ihre Schwestern wieder. Zweiäuglein aber hieß sie willkommen und tat ihnen Gutes und pflegte sie, also dass die beiden von Herzen bereuten, was sie ihrer Schwester in der Jugend Böses angetan hatten."

Bei dem Versuch, der Symbolsprache des Märchens näher zu kommen, ist festzuhalten, dass ein harmonisches, friedvolles Zusammenleben von Einäuglein, Zweiäuglein und Dreiäuglein nicht gelingt. Zweiäuglein sieht sich alleine ihren Schwestern gegenüber, die es im Verbund mit ihrer Mutter drangsalieren und schikanieren. Interessant ist, dass es keinen Hinweis darauf gibt, wie viele Augen die Mutter, also der gemeinsame Ursprung der drei Schwestern, hat. Es wird deutlich darauf hingewiesen, dass der Grund für die Missachtung und schlechte Behandlung Zweiäugleins in der Tatsache begründet liegt, dass Zweiäuglein eben nur zwei Augen hat.

Damit ist sie Eine des „gemeinen Volkes", das bedeutet, Zweiäuglein unterscheidet sich nicht von ihren Mitmenschen und das wird von Einäuglein und Dreiäuglein nicht toleriert und geradezu bekämpft. Einäuglein und Dreiäuglein gehören durch ihre „Anders-Äugigkeit" also nicht zu all den anderen Menschen. Man könnte interpretieren, sie halten sich daher für etwas Besseres und benehmen sich folglich nicht nur arrogant, sondern verletzend und missachtend. Hingegen akzeptieren die Beiden sich gegenseitig, trotz ihres ebenfalls deutlichen Unterschiedes.

Warum vertragen sich die Eins und die Drei? Warum wird die Zwei ausgeschlossen? Welche Bedeutung haben die ein-, zwei- und dreiäugigen Wesen?

Ein einäugiges Wesen lernen wir in der griechischen Mythologie kennen, als Odysseus mit seinen Gefährten auf seiner Irrfahrt in die Höhle des Riesen Polyphem gerät. Dort warten die Gefährten auf die Rückkehr des Höhlenbewohners. (22):

„Am Abend kam denn auch eine Herde stattlicher Schafe zur gewohnten Stallung und hinter ihr her der Hirte Polyphemos. Er war nicht wie andere Menschen gebildet, sondern ein ungeschlachter Riese mit nur einem Auge auf der breiten Stirn."

Dieser Riese tötet und frisst einige von Odysseus´ Gefährten, bis es Odysseus schließlich gelingt, das eine Auge des Ungeheuers mit einer glühenden Pfahlspitze zu blenden, um dann aus der Höhle zu fliehen und die Reise fortzusetzen. Friedel Lenz interpretiert diese Stelle der Odysseus-Sage so (23):

„Für die griechische Zeit schildert Homer in der bilderreichen Sprache des Altertums die Irrfahrten des Odysseus. Er ist der Kluge und Listenreiche, eine Personifikation des griechischen Verstandesmenschen, der aus der endlosen Weite der seelischen Welt (des Meeres) zur Standhaftigkeit, zum „sicheren Boden" finden muss, den der Denkende gewinnt. Odysseus trifft mit dem Zyklopen Polyphem zusammen, der in der Felsenhöhle wohnt. Zyklop -man vergleiche Zyklos und Optik - bedeutet der „Rundherum-Schauende".
Ihm stößt Odysseus mit dem im Feuer gehärteten Pfahle das Auge aus."

Abb. 37

Griechischer Verstand siegt über atavistisch gewordenes Hellsehen, das einer schon lange abgelaufenen Epoche angehört aber als ungebändigte Naturkraft da und dort noch zur Erscheinung kommt. Der neuzeitliche Verstandesmensch muss diese rudimentäre Anlage bekämpfen.

Der Zweiäuglein Mensch ist offenbar der aus seinem Ich – Bewusstsein heraus handelnde Gegenwartsmensch, ohne die alten seherischen Fähigkeiten. Das wird Zweiäuglein zum Vorwurf gemacht: „Du mit Deinen zwei Augen bist nicht besser als das gemeine Volk", sagen ihre Schwestern und die Mutter zu ihr.

Rudolf Meyer (**24**) sagt über dieses Märchen:
„Menschen, die sich noch alte Spürfähigkeiten mitgebracht haben, werden ja dadurch sehr leicht zum Hochmut verleitet. Das Märchen zeigt nun aber, wie Dreiäuglein, die eine Mischung von alten hellsichtigen und neuen sinnlich-intellektuellen Fähigkeiten darstellt, also eine Art Übergangsform entwickelt, dem Zweiäuglein besonders gefährlich wird. In Einäuglein wirkt die alte visionäre Anlage noch dumpf-einfältig; sie kann „eingeschläfert" werden. In Dreiäuglein wirkt sie mit dem irdischen Verstande durchsetzt und darum egoistischer. Doch in Zweiäuglein, die den alten Zustand völlig überwunden hat, wirken die Zukunftskräfte im guten Sinne."

Mir scheint wichtig, dass am Ende des Märchens Zweiäuglein ihren Schwestern, die ihr so übel mitgespielt haben, verzeiht. Sie „tat ihnen Gutes und pflegte sie". Die Schwestern bereuen, was sie Böses getan haben und so endet die Geschichte in einer Versöhnung der drei Schwestern - im übertragenen Sinne, in einem schließlich friedlich miteinander Auskommen von alten, einst berechtigten und heute zeitgemäßen Bewusstseinszuständen.

Wie bei Odysseus, so kann man auch die Sage von Perseus in seinem Kampf gegen Medusa als die Überwindung alter, überlebter Bewusstseinskräfte interpretieren.

Perseus versprach König Polydektos, ihm das Haupt der Medusa zu bringen. Medusa gehörte zu den drei Gorgonen, die Töchter des Drachen Phorkys und des Meerungeheuers Keto waren. Medusa war bekannt dafür, dass jeder, der sie ansah, sich in Stein verwandelte. Durch eine List, Perseus vermeidet den direkten Anblick Medusas mit Hilfe eines Spiegels, gelingt es ihm, Medusa das Haupt abzuschlagen, aus dem Schlangen hervorkriechen.

Das „Sehen" oder Schauen Medusas kann auch in dieser Sage als hellsichtige Fähigkeit verstanden werden. Diese innere Schau führt zur Versteinerung, also zu einer völligen Verhärtung des Menschen. Rudolf Steiner beschreibt den Anblick der Gorgonen als „Abenddämmerung des imaginativen Bewusstseins". (**25**)

„Dieses alte imaginative Bewusstsein ist zurück gegangen, es hat allmählich etwas wie eine Abenddämmerung erlebt, und was zuletzt geblieben ist, das waren eigentlich die schlechtesten Kräfte geistiger, spiritueller Wesenheiten, die draußen wirkten. Die kamen einem Menschen, der sich das Neue in der Art des Alten vorgestellt hat, zum Bewusstsein als die Gorgonen, in denen die Menschen in ihrem Schauen nur mehr die schlimmsten Wesen schauten und daher auch so abbildeten als das, was ihnen in ihrem Bewusstsein auch nur als die schlimmsten Wesen aufstieg. Da erhebt sich der neue Mensch, Perseus, verstümmelt die Gorgonen, die Medusa, das heißt dasjenige Bewusstsein, das wie ein letzter Rest, dargestellt in dem Schlangenhaupt der Medusa, noch vorhanden war".

Das Bild der Verhärtung begegnet uns auch im Alten Testament wieder: Lot wird von zwei Engeln aufgefordert, die Stadt mit seiner Frau und seinen beiden Töchtern zu verlassen, da sie sonst bei der unmittelbar bevorstehenden Zerstörung von Sodom und Gomorra umkommen würden. Diese Situation wird im ersten Buch Mose, Kapitel 19, Vers 16 - 17 geschildert:

„Als er aber zögerte, ergriffen die Männer ihn und seine Frau und seine beiden Töchter bei der Hand, weil der Herr ihn verschonen wollte und führten ihn hinaus und ließen ihn erst draußen vor der Stadt wieder los. Und als sie ihn hinausgebracht hatten, sprach der eine: „Rette dein Leben und sieh nicht hinter dich, bleib auch nicht stehen in dieser ganzen Gegend."

Dann wird die Zerstörung der Städte und das Schicksal Lots Frau beschrieben:

„Da ließ der Herr Feuer und Schwefel regnen vom Himmel herab auf Sodom und Gomorra und vernichtete die Städte und die ganze Gegend und alle Einwohner der Städte und was auf dem Land gewachsen war. Und Lots Weib sah hinter sich und ward zur Salzsäule."

Der starke Wille der Engel lässt Lot mit seiner Frau und seinen Töchtern fliehen. Dann kommt dieser eine Satz, dass Lots Frau hinter sich sah und zur Salzsäule erstarrte. Weiter wird auf dieses Ereignis nicht eingegangen. Ohne Dramatik und emotionale Beteiligung, ohne eine Schilderung, was das Schicksal von Lot`s Frau in ihrer Familie auslöste, steht dieser Satz da. Ich möchte darauf hinweisen, dass das Zurückschauen wie eine Orientierung in die Vergangenheit gesehen werden kann.
Die Vergangenheit der beiden zerstörten Städte sollte aber von Lot und seiner Familie unwiderruflich, ohne zurück zu blicken, losgelassen werden.

Die Zuwiderhandlung, also die unüberwindbare Orientierung in die Vergangenheit, hatte die Konsequenz der Erstarrung zur Folge. Bemerkenswert ist, dass Lots Frau nicht zu Stein, sondern zu Salz erstarrte, als sie sich umsah. Salz ist eine, im Gegensatz zu Stein, lösliche Substanz. Eine zu starke Anhaftung an die Vergangenheit, nicht mit der Zeit zu gehen, führt zur Verhärtung.

Die einseitige Orientierung in die Zukunft wiederum trägt die Gefahr in sich, nicht anzuknüpfen an bereits Vorhandenes. In der Gegenwart treffen sich die Zeitströme der Vergangenheit und der Zukunft. Was droht, zu erstarren, kann in der Gegenwart aufgelöst - und in verwandelter Form für die Zukunft genutzt werden.

Im Neuen Testament sagt Christus: *„Ihr seid das Salz der Erde"*.

Wird an dieser alttestamentarischen Stelle auch auf etwas Zukünftiges hingewiesen? Wie ein stummer Blick Christi wirkte, beschreibt Lukas im 22. Kapitel, Verse 59 – 62, in der Szene der Verleugnung Christi durch Petrus:

*„Und über eine Weile, wohl nach einer Stunde, bekräftigte es ein anderer und sprach: Wahrlich, dieser war auch mit ihm; denn er ist ein Galiläer. Petrus aber sprach: Mensch, ich weiß nicht, was du sagst. Und alsbald, da er noch redete, krähte der Hahn.
Und der Herr wandte sich und sah Petrus an. Und Petrus gedachte an des Herrn Wort, wie er zu ihm gesagt hatte: Ehe der Hahn heute kräht, wirst du mich dreimal verleugnen. Und Petrus ging hinaus und weinte bitterlich."*

Ohne den Versuch, eine Interpretation zu wagen, möchte ich abschließend ein weiteres Zitat Christi, das sich auf das Auge bezieht, aus Matthäus, Kapitel 6, Verse 22 - 23, diesem Abschnitt hinzufügen:

Abb. 37
Das Auge Gottes

„Das Auge ist des Leibes Leuchte. Wenn dein Auge lauter ist, so wird dein ganzer Leib licht sein. Wenn aber dein Auge böse ist, so wird dein ganzer Leib finster sein. Wenn nun das Licht, das in dir ist, Finsternis ist, wie groß wird dann die Finsternis sein!"

Das Auge als religiöses Symbol begegnet uns im alles sehenden Auge Gottes. Es wird in der christlichen Ikonographie inmitten eines Dreiecks dargestellt, dessen Spitze nach oben zeigt. Das Dreieck symbolisiert dabei die heilige Dreifaltigkeit.

In seinem Aufsatz „Gott hat keine Augen, Gott ist Auge" schreibt Paul Gräb: **(26)**
„Allwissenheit veranschaulicht das Symbol des Auges Gottes auch insofern, als Gott ganz als Auge und nicht mit Augen dargestellt wird, also, dass Gott nicht Augen hat, sondern Auge ist. Gottes Wissen ist nicht nur vollständig, sondern auch durchdringend, nicht nur innerlich, sondern auch äußerlich, das Einzelne im Ganzen und das Ganze im Einzelnen.
Auf byzantinischen Mosaiken, auf Ikonen, auf Darstellungen des Christus als Pantokrator.
Als König und Weltenrichter findet man Christusaugen, die das alles auszudrücken scheinen, ausdrücken wollen. Nicht ohne Grund wird das Auge als Zeichen der Allwissenheit und Allgegenwart Gottes dem Dreieck eingeschrieben, dem Symbol der Trinität, der Dreieinigkeit Gottes. Das Auge Gottes, das erschrecken und ängstigen kann, weil nichts vor ihm verborgen bleibt, verliert durch seine Einbettung in die Trinität die missverständliche Deutung gnadenloser Enthüllung, ungewollter Bloßstellung.
Ich brauche nie mehr Angst zu haben vor dem Auge Gottes. Durch die Eingebundenheit in die Trinität wird der Blick Gottes bestimmt von der Liebe Gottes zur Welt."

Das Firmament

Als jüngst mein Auge sich in die saphirne Tiefe,
Die weder Grund, noch Strand, noch Ziel, noch End´ umschränkt,
Ins unerforschte Meer des hohlen Luftraums senkt´,
Und mein verschlungener Blick bald hie, bald dahin liefe,

Doch immer tiefer sank, entsatzte sich mein Geist,
Es schwindelte mein Aug´, es stockte meine Seele
Ob der unendlichen, unmäßig tiefen Höhle,
Die, wohl mit Recht, ein Bild der Ewigkeiten heißt,

So nur aus Gott allein, ohn´ End´ und Anfang stammen.
Es schlug des Abgrunds Raum, wie eine dicke Flut
Des bodenlosen Meers auf sinkend Eisen tut,
In einem Augenblick auf meinem Geist zusammen.

Die ungeheure Gruft voll unsichtbarem Lichts,
Voll lichter Dunkelheit, ohn´Anfang, ohne Schranken,
Verschlang sogar die Welt, begrub selbst die Gedanken:
Mein ganzes Wesen ward ein Staub, ein Punkt, ein Nichts,

Und ich verlor mich selbst. Dies schlug mich plötzlich nieder;
Verzweiflung drohete der ganz verwirrten Brust:
Allein, o heilsams Nichts! Glückseliger Verlust!
Allgegenwärt´ger Gott, in Dir fand ich mich wieder.

Barthold Hinrich Brockes 1721

61

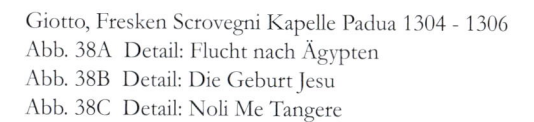

Giotto, Fresken Scrovegni Kapelle Padua 1304 - 1306
Abb. 38A Detail: Flucht nach Ägypten
Abb. 38B Detail: Die Geburt Jesu
Abb. 38C Detail: Noli Me Tangere

Der Blick in der Kunst

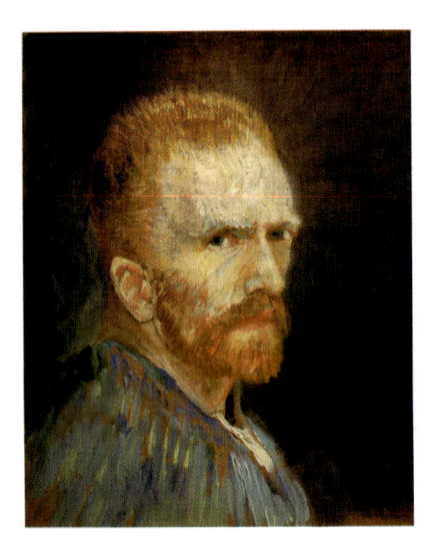

Abb. 37 A u B: Vincent van Gogh „Selbstbildnisse Paris 1887"

Das Auge als Sinnesorgan ist für die Seele das Tor zu einer unerschöpflichen Quelle von Eindrücken und der Ausgangspunkt, die Welt in verschiedenster Form und Erlebnisweise wahrzunehmen.

Der Blick als Tätigkeit des Menschen nimmt die Welt in ihren Einzelheiten und in ihrer Gesamtheit auf. Er vermag die physische Oberfläche der Gegenstände zu erfassen, und seine Fokussierung oder Weitung, sein Verweilen oder seine Bewegung bilden die Voraussetzung dafür, die Sinneseindrücke in ihrer Vielfalt im künstlerischen Prozess nun nicht nachzuahmen, sondern sie aufzulösen und auf einer neuen Ebene wieder zusammenzufügen. Dabei ist wichtig, zu berücksichtigen, dass der Sinnesanteil im Blick in der Malerei nicht für sich isoliert besteht, sondern, wie R. Steiner beschreibt, auch der Geschmackssinn und Geruchssinn in feiner Weise beteiligt sind. (R. Steiner, GA 170, Vortrag vom 15.08.1916)

Im Expressionismus erlebt man, wie die Sinneswelt durch die künstlerische Darstellung den Wesensausdruck der gemalten Situation hinzugewinnt. Vincent van Gogh gestaltete seine Bilder, wie z.B. das Kornblumenfeld, nicht einfach naturalistisch, sondern durch die verschlungenen, stark bewegten Linien der Pflanzen und die van Gogh eigene spannungsvolle und teils dramatisch erlebbare Farbgebung, wird das Bild zu einem Ausdruck seines Blickwinkels und seiner seelischen Erlebnisweise dieser Landschaft.

In Bezug auf den Expressionismus beschreibt Robert Delaunay (**27**), diese Art zu sehen, mit den Worten: *„Bei unserer neuen Form handelt es sich weder um Beschreibung noch um Abstraktion, sondern um konkrete neu geschaffene Wirklichkeit."*

Abb. 39C: Vincent van Gogh
„Sämann bei untergehender Sonne, Arles Juni 1888"

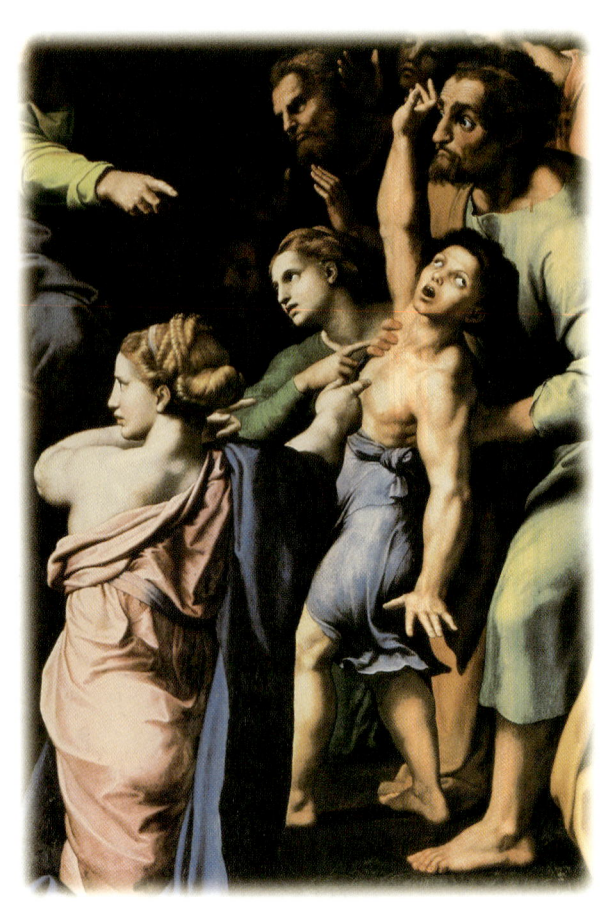

Abb. 40A u B Detail Raphael: Die Verklärung, Rom 1520
Abb. 41 Detail Michelangelo: Aurora, Medici-Kapelle, Florenz, ca. 1525

Abb. 42 Leonardo da Vinci, Studie Jakobus d. Ä. 1495, Windsor

Abb. 43 Auguste Rodin „Der Gedanke 1886-89, Paris"

Der Blick in der Kunst verändert sich, wenn es um die Plastik geht. Auguste Rodin fasste jede Skizze, die er von seinen geplanten Plastiken anfertigte, bereits als dreidimensionale Skulptur auf. Er betonte: *„Es gibt keine Umrisse, es gibt nur Volumen. Der Blick geht hier in die räumliche Tiefe, er erfasst die Dimensionen des Stoffes, der gestaltet werden soll."*

Darüber hinaus richtet sich der geübte Blick auf jedes phänomenologische Detail, deren Gesamtschau ihn zur Erfassung des Wesens führt. A. Rodin sagt über den Künstler in diesem Zusammenhang: Er brauche nur ein menschliches Antlitz anzuschauen, um eine Seele zu entziffern. Kein Zug täusche ihn, die Heuchelei sei ihm so durchsichtig wie die Aufrichtigkeit; die Neigung einer Stirn, das geringste Runzeln der Brauen, das Schweifen eines Blickes offenbaren ihm die Geheimnisse eines Herzens.

Beim Betrachten und bei der Herstellung einer Plastik ist der Blick gleichfalls in seinem Sehsinnesanteil nicht isoliert, sondern er wird, wie R. Steiner ausführt, begleitet von der Tätigkeit des Lebenssinnes. Dieser Sinn, der eng gebunden ist an alle lebendigen Prozesse in der Leiblichkeit, gesellt sich zum Blick als ein zusätzliches Wahrnehmungsorgan. Das bedeutet, wir erleben eine Plastik nicht nur in ihrer Form und Tiefe, sondern auch in ihrer Wirkung auf unser Lebensgefüge. Deshalb spricht man auch in der Architektur von organischen Formen, die dem menschlichen Organismus entsprechen. Wir erleben einen 90 Grad Winkel anders als eine gleichwinklige, aber leicht gebogene Form. Man könnte hier Begriffe wie hart und weich, geronnen oder fließend, dicht oder transparent anführen, um die Wahrnehmungsqualität, die vom Blick aus in den gesamten Organismus übergeht, zu charakterisieren.

Der Blick in der Kunst geht weit über die Naturalität hinaus. Er durchdringt unter den verschiedensten Perspektiven Raum und Stoff. Damit bringt er die geistige Natur des Menschen sowohl im künstlerischen Schaffensprozess als auch im Betrachten des Kunstwerkes zur Erscheinung. Mit dem künstlerischen Blick, den jeder Mensch entwickeln kann, entsteht die Welt neu vor der Seele. Geringste Kleinigkeiten, an denen man früher vielleicht achtlos vorbeigegangen ist, ohne sie eines Blickes zu würdigen, werden kostbar und schön. Sei es ein Spinnennetz, ein Tautropfen, ein Kieselstein oder der Flügel eines Marienkäfers, - überall offenbart sich die Schönheit der Schöpfung.

In dieser Hinsicht möchte ich Rodin noch einmal zu Wort kommen lassen: *„Kurz, die Schönheit ist überall. Nicht sie versagt sich unseren Augen, sondern unsere Augen versagen, sie zu gewahren."*

Aus – Blick

"Willst du dich selber erkennen, so sieh, wie die andern es treiben. Willst du die andern verstehn, blick in dein eigenes Herz"

Schiller, Votivtafeln 19: Der Schlüssel

Die Aussagekraft des menschlichen Blickes ist unendlich vielschichtig. Der Blick spricht, schweigt, er singt, tanzt, lacht und trauert, er kommuniziert, wendet sich nach innen, wendet sich nach außen. Er lebt ganz in der Gegenwart, im Hier und Jetzt, oder er schaut durch die Dinge hindurch. Vielleicht in die ferne Zukunft oder er wendet sich zurück in die Vergangenheit.

Im Blick begegnet man einer allgemein menschlichen Fähigkeit, und durch Blicke ist eine Kommunikation möglich, die unabhängig vom Alter, von der Nation, dem kulturellen Hintergrund und der gesprochenen Sprache der jeweiligen Menschen besteht. Der Blick birgt viele Rätsel in sich, wie ich am Beispiel der Kinder mit einer Entwicklungsstörung oder Behinderung aufzuzeigen versucht habe. Er ist weder wägbar noch messbar, sondern er ist etwas zutiefst Menschliches, Individuelles, Lebendiges, und er lässt sich nicht definieren oder schematisieren, sondern nur charakterisieren, erleben und mit- und nachvollziehen. Seine Ausdrucksmöglichkeiten sind so vielfältig, wie es Menschen gibt. Natürlich beinhaltet die Interpretation eines Blickes immer etwas Subjektives. Es ist sogar möglich, einen Blick falsch zu verstehen. Hier erlebe ich den Anspruch, Wahrnehmung und Interpretation bewusst zu handhaben. Vielleicht gelingt es auf diesem Wege der bewussten Handhabung, die Gewohnheit schneller Vorurteile in eine behutsame, wartende und fragende Haltung gegenüber dem Menschen, dem wir gerade begegnen, zu verwandeln.

Die Achtsamkeit für den Blick zu entwickeln, kann eine wertvolle Hilfe sein, Menschen besser zu verstehen, besonders dann, wenn wir helfen wollen. Sich auf den Blick einzulassen und ihn unbefangen wahrzunehmen ist die eine Seite. Die andere Seite besteht darin, zu lernen, der eigenen Wahrnehmung zu vertrauen und, wie ich beschrieben habe, das „Bauchwissen" nicht nur zuzulassen, sondern weiterzuentwickeln. Diese Wahrnehmungsfähigkeit dann in das Handeln mit einzubeziehen, ist eine Herausforderung, die Mut erfordert. An ihr kann man wachsen.

Abb. 44: Alexej Jawlensky „Sonne-Farbe-Leben 1926"

Medizinischer Exkurs

Vor einer heilpädagogischen Einwirkung auf den Sehsinn ist immer eine medizinische Abklärung und Absprache mit dem behandelnden Arzt erforderlich. In dem Buch „Entwicklungsdiagnostik bei Kindern" **(28)** wird darauf hingewiesen, dass sich bei entwicklungsbehinderten Kindern häufig ophtalmologische Probleme finden.(Ophthalmologie – Augenheilkunde)

Von 728 Kindern unter sechs Jahren wiesen 49 % Augenbefunde auf, davon 26 % mit Sehfehlern, welche die bereits vorhandene Entwicklungsverzögerung verstärkten.
„Diese und andere Untersuchungen weisen darauf hin, dass alle Kinder, bei denen der Verdacht auf eine Entwicklungsverzögerung besteht, im Hinblick auf begleitende Sehstörungen untersucht werden sollten, da nicht diagnostizierte Sehstörungen Entwicklungsprobleme eines behinderten Kindes verstärken. Zusätzlich kann man bisweilen durch eine ophtalmologische Untersuchung die Ursache für eine Entwicklungsverzögerung entdecken."
Die Entwicklung des Sehens ist abhängig vom gesund ausgebildeten Auge, einem scharfen Netzhautbild und dem funktionierenden Fixationsreflex. „Das von Linse und Hornhaut geformte Bild wird durch den Fixationsreflex in die Fovea centralis gelenkt. Dieser Reflex lässt sich normalerweise etwa ab der sechsten Woche nachweisen und benötigt aktive Stimulation bis zum Alter von sechs bis neun Jahren, wenn sich die Sehfähigkeit normal entwickeln soll."
Eine Sehschärfeprüfung ist bei Kindern unter Anwendung verschiedener Testverfahren ab dem dritten Lebensmonat möglich.

Der Blick des Kindes wird durch eine Erkrankung der Augen wesentlich beeinflusst, sodass die unmittelbare Wahrnehmung der Individualität dadurch erschwert wird.
In Anlehnung an das Buch „Augenheileurythmie" von Daniela Armstrong **(29)** möchte ich einige häufig auftretende Augenerkrankungen im Folgenden nur soweit beschreiben, wie es für den Zusammenhang mit der Aussagekraft des Blickes erforderlich ist.

Myopie (Kurzsichtigkeit): In dem erwähnten Buch weist R. Steiner auf das Wesen der Kurzsichtigkeit hin:
„Kurzsichtige Menschen sind solche, welche eine gewisse Zurückhaltung ihres Ich und ihres astralischen Leibes haben gegenüber dem physischen Leib; und die Kurzsichtigkeit ist gerade eines der wichtigsten Zeichen dafür, dass man es mit einem Menschen, dessen Geistig – Seelisches nicht in das Leiblich – Physische eingreifen will, zu tun hat."

Kurzsichtigkeit kann bereits im Vorschulalter auftreten. Das Gesehene wirkt verschwommen. Eine rechtzeitig vorgenommene Abklärung kann unnötigen Schwierigkeiten in der Schule vorbeugen.

Hyperopie oder Hypermetropie (Übersichtigkeit, Weitsichtigkeit) : Im Gegensatz zum kurzsichtigen Menschen geht der Weitsichtige mit seinen höheren Wesensgliedern über das Ziel hinaus. In dem Kapitel über die Hyperopie wird dieses Phänomen so beschrieben: *„Der Weitsichtige tendiert dazu, „nach vorne" gerichtet zu sein. Er möchte sich stets vorwärts orientieren, seinen Hintergrund vergessen und strebt von ihm möglichst schnell weg. Das gibt ihm seine Prägung."* Ein weitsichtiges Kind neigt dazu, nach innen zu schielen.

Strabismus (Schielen):
Ausgehend vom gesunden Sehvorgang wird deutlich, welch tiefgreifende Wirkung das Schielen auf den Menschen hat. Paul Blok schreibt im Kapitel über das Schielen:
„Wenn beide Augen das gleiche Objekt anschauen und die Bilder beider Augen im Bewusstsein verschmelzen (fusionieren), ist die Voraussetzung erfüllt, dass im Kreuzpunkt der Blickrichtungen das Ich-Bewusstsein im Raume auflebt: als unmittelbares räumliches Sehbewusstsein. Mit diesem normalen beidäugigen Sehen ist der Mensch in jedem Blickkreuzpunkt im Raume unmittelbar orientiert."

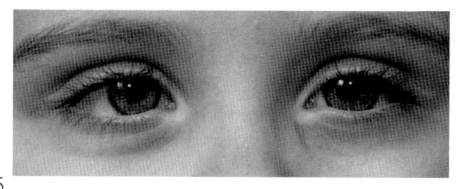

Abb. 45

Blok schildert weiter, dass äußere Einflüsse wie z.B. Alkohol, eine Tumorerkrankung, Entzündungen oder Lähmungen durch eine Vergiftung *„die für das Eingreifen des Ich notwendige Informationskoordination"* unterbrechen und Doppelsehen auftritt, - *„manifest gewordenes latentes Schielen oder auch Lähmungsschielen"*.

Wenn das Kind schielt, kann es seinen Blick nur mit einem Auge auf uns richten, das schielende Auge aber behält den *„konstanten Winkel zum schauenden Auge bei"*. Dabei handelt es sich um das *„Begleitschielen"*. Schielen *„kann durch unbewusste Anstrengung, zur Vermeidung von Doppelsehen, latent bleiben (latenter Strabismus oder Heterophorie)."* Für den Blick ist es in diesem Zusammenhang wichtig zu wissen, dass das schielende Kind nur das in Normalstellung befindliche Auge nutzt.

„Das Bild des schielenden Auges wird nämlich vom Patienten, der beide Augen gleichzeitig offen hat, zur Vermeidung von Doppelbildern seelisch „ausgeschaltet": Es wird für das scharfe, zentrale Sehen kaum noch gebraucht, und so verlernen Kinder, damit scharf zu sehen.
Im Weiteren wird auf die tiefgreifende Wirkung der Heileurythmie bei der Behandlung des Schielens hingewiesen, die über die sonst üblichen Behandlungsmethoden der Augenabdeckung oder Operation das höhere Wesensgliedergefüge des Menschen in den Prozess der Augen-Fehlstellungs-Korrektur mit einbezieht.

Astigmatismus (Punktlosigkeit, Stabsichtigkeit): Bei dieser Augenerkrankung, die durch eine Verformung der Hornhautwölbung entsteht, sieht der Patient das fixierte Objekt verschoben oder unscharf. Eine Brille kann das verzerrte Bild ausgleichen. Heileurythmie, bis zum 28. Lebensjahr angewendet, kann zu einem therapeutischen Erfolg führen.

Danksagung

Während des Schreibens und in der Phase der Fertigstellung dieses Buches bin ich von vielen Menschen mit Rat und Tat unterstützt worden. Dafür möchte ich mich bei allen herzlich bedanken.

Abb. 46: Verrocchio und Leonardo da Vinci „Detail Taufe Christi, 1472, Uffizien Florenz"

Literatur

1   Rudolf Steiner Theosophie R. Steiner Verlag Dornach/Schweiz 1976
2   Siehe Anm. 1
3   Emil Utitz   Spiegel der Seele in: Velhagen & Klasing´s Monatshefte 40. Jahrgang 1925 / 1926 Verlag Velhagen und Klasing Berlin, Bielefeld, Leipzig, Wien
4   Norbert Glas Das Antlitz offenbart den Menschen J. Ch. Mellinger Verlag Stuttgart   Auflage 1984
5   Benita Quadflieg – v. Vegesack Ungewöhnliche Kleinkinder und ihre heilpädagogische Förderung   edition tertium, 1998
6   Karl König Der Kreis der zwölf Sinne und die sieben Lebensprozesse Verlag Freies Geistesleben 1. Auflage, 1999
7   Michael Steinke   Sehsinn und Wärmesinn Herausgeber: Arbeitsgemeinschaft Heilpädagogischer Schulen auf Anthroposophischer Grundlage Karl-Schubert-Schule Obere Weinsteige 70597 Stuttgart August 1997
8   Michael Argyle Körpersprache & Kommunikation Junfermann Verlag Paderborn 2002
9   Wolfgang Schad in: 10. Rundbrief 1993 Herausgeber: Internationale Vereinigung der Waldorfkindergärten Heubergstr.11 70188 Stuttgart
10   s. Anm. 8
11   Heinz Zimmermann   Sprechen, Zuhören, Verstehen Verlag Freies Geistesleben 1991
12   Rudolf Steiner Der Mensch im Lichte von Okkultismus, Theosophie und Philosophie GA 137 Verlag der Rudolf Steiner Nachlassverwaltung Dornach/Schweiz 3. Vortrag
13   Lutz Mackensen   Ursprung der Wörter Südwest Verlag GmbH & Co. KG, München 1985
14   Alfred Baur Lautlehre und Logoswirken J. Ch. Mellinger Verlag GmbH, Stuttgart 2. Auflage 1996

15 Rudolf Steiner Heilpädagogischer Kursus
Rudolf Steiner Verlag Dornach/Schweiz 1975
5. Vortrag vom 30.06.1924
16   Jacques Lusseyran Ein neues Sehen der Welt
Verlag Freies Geistesleben Stuttgart
17   In: Aspekte der Heilpädagogik
Verlag Freies Geistesleben 1969
18   Rudolf Steiner Über Gesundheit und Krankheit
5. Vortrag vom 13.12.1922
GA 348 Rudolf Steiner Verlag Dornach/Schweiz
19   Walter Vogt, Zürich, aus der Zeitschrift
„Wegbegleiter" vom März/April 1999,
Nr. 2, IV. Jahrgang, S.73 ff.
20   W. Somerset Maugham Der Magier
Süddeutsche Zeitung Bibliothek
21   Kinder –und Hausmärchen Gesammelt durch die
Brüder Grimm Aufbau – Verlag Berlin und Weimar 1990
22   Wilhelm Wägner Hellas Reprint
Verlag Leipzig Reprint der Originalausgabe von 1902
23   Friedel Lenz Bildsprache der Märchen
Verlag Urachhaus Stuttgart 1984
24   Rudolf Meyer Die Weisheit der deutschen Märchen
Fischer Taschenbuch Verlag 1981
25   Rudolf Steiner Menschengeschichte im Lichte der
Geistesforschung GA 61 Vortrag vom 1.02.1912
Verlag Rudolf Steiner - Nachlassverwaltung
Dornach/ Schweiz 1962
26   Paul Gräb Augen - Blicke
Das Auge in der Kunst des 20. Jahrhunderts
Vista Point Verlag, Köln, 1988.
Herausgegeben von Christiane Vielhaber
27   Aus: Holle Kunstgeschichte. Herausg.: Gèrard du Ry,
S. 706, Karl Müller Verlag Erlangen, 1989
28   William K. Frankenburg Susan M. Thornton Marlin
E. Cohrs, Entwicklungsdiagnostik bei Kindern
Georg Thieme Verlag Stuttgart, New York 1986
29   Daniela Armstrong Augenheileurythmie
Verlag am Goetheanum 1993

Bildquellennachweise:

Martin Maier:	Innentitel,1,2,4,6,9,10,22,23,24, 28-31,34,35,45
Michael Schulz	Titel, 3,5,7,18,19a-f, Rücktitel
Privatarchiv Dieter Schulz	8,11,20,32,33
Leipziger Illustrierte 17.07.1902	12 a-j
Velhagen & Klasing´s Monatshefte 40. Jahrgang 1925/1926 Verlag Velhagen & Klasing Berlin, Bielefeld, Leipzig, Wien	13
Misha Pitskhelauri	14,15,21,25-27,35,36,37
Mit herzlichem Dank für die freundliche Genehmigung an AKG - Images Berlin	17

Impressum:
edition lionardo

info@edition-lionardo.de
Tel.: 0049 (0)2052 80371
Fax: 0049 (0)202 80297
© 2008